Brigitte Müller

Energie der 12 Sonnen-Chakra Strahlen

VERLAG PETER ERD · MÜNCHEN

Die Deutsche Bibliothek – CIP-Einheitsaufnahme
Müller, Brigitte:
Energie der 12 Sonnen-Chakra Strahlen / Brigitte Müller. –
München: Erd, 1993
ISBN 3-8138-0276-0

Die in diesem Buch und den begleitenden Toncassetten enthaltenen Informationen, Übungen, Anrufungen und Meditationen dienen der spirituellen Entfaltung. Die Autorin und der Verlag übernehmen keine Haftung für Folgen irgendwelcher Art, die direkt oder indirekt aus der Anwendung der Angaben in diesem Buch oder den Toncassetten entstehen.

2. Auflage 1994
Umschlaggestaltung: Atelier Nittner, München
Titelbild: Sharon Maia Nichols, Tucson, Arizona, USA
Farbbild: *Göttliches Selbst:* AEONA, Frankfurt/Main
Skizze *12fältige Sonnenwirbelsäule* (Seite 150): AEONA, Frankfurt/Main
Zeichnungen: Sharon Maia Nichols, Tucson, Arizona, USA

Satz: Utesch Satztechnik GmbH, Hamburg
Druck und Verarbeitung:
S.GB Schauenburg, Graphische Betriebe, 77963 Schwanau
Printed in Germany
ISBN 3-8138-0276-0

WIDMUNG

In großer Liebe und Dankbarkeit widme ich dieses Buch der Heilung, Harmonisierung und dem Aufstieg des Planeten Erde und allen seinen Lebewesen und Lebensformen in das Licht.

DANKSAGUNG

Aus tiefstem Herzen danke ich der Höchsten Quelle allen Lebens – der Kraft Gottes – sowie der geistigen Hierarchie, die mich befähigte, dieses Buch zu schreiben.

Mein ganz besonderer, herzlichster Dank an Patricia Diane Cota-Robles, Gründerin der New Age Study of Humanity's Purpose und an die Group Avatar in Tucson, Arizona, USA, die mir die Erlaubnis erteilten, die in diesem Buch enthaltenen Informationen, Anrufungen und Übungen zu veröffentlichen. Danke für alles, was ich lernen durfte.

Außerdem danke ich meinen lieben Eltern, meiner lieben Freundin Angela sowie allen Freunden für ihre Unterstützung.

»ICH BIN« dankbar.

Inhalt

11 Einleitung
Beschreibung und Erklärung zum Titelbild 13

ERSTER TEIL

17 Weltweite Aktivitäten zur Heilung und zum Aufstieg der Erde und der Menschheit im Wassermann-Zeitalter
Welt-Heilungs-Meditation am 31. Dezember 18
Harmonische Konvergenz 19
Earth-Link 1988 (Erd-Verbindung) 20
Totale Sonnenfinsternis am 11. Juli 1991 21
11:11 Das Öffnen des Torweges 11:11 am 11. Januar 1992 22
28 Die sieben Körper des Menschen
Die elektronische Lichtsubstanz und die drei höheren Körper 29
Die vier niederen Körper 31
38 Der Fall und die Trennung von unserer eigenen Göttlichkeit
46 Das Christus-Bewußtsein – Die Dreifältige Flamme
55 Die Kraft der Gedanken – Geist über Materie
Das Wesen des Atoms 57
Heilung und Heilsein 60
Der Denkende Körper und das Immun-System 61
65 Selbst-Meisterschaft
Entscheidung zur Selbst-Meisterschaft 69
Selbst-Liebe 70

ZWEITER TEIL

75 Die Energien und Eigenschaften der 12 Sonnen-Chakra Strahlen Gottes und deren 12 Universale Gesetze

1. *Strahl Blau*: Gottes Wille und Schutz 76

1. Universales Gesetz: Das Gesetz der Energie – Licht 79

Übungen und Anrufungen zum 1. Strahl Gottes Blau 80

2. *Strahl Gold-Gelb*: Erleuchtung 83

2. Universales Gesetz: Wie oben – so unten. Erleuchtung 85

3. *Strahl Rosa*: Göttliche Liebe 86

3. Universales Gesetz: Göttliche Liebe 89

Übungen und Anrufungen zum 3. Strahl Gottes Rosa 89

4. *Strahl Weiß*: Reinheit. Auferstehung 91

4. Universales Gesetz: Schwingung 93

Übungen und Anrufungen zum 4. Strahl Gottes Weiss 94

5. *Strahl Grün*: Wahrheit 96

5. Universales Gesetz: Das Gesetz der Zyklen 97

Die Höchste Einweihung in das Christ-Sein 97

6. *Strahl Rubin-Gold*: Ausübende Gnade 125

6. Universales Gesetz: Das Gesetz von Ursache und Wirkung, das Gesetz des Kreislaufs 128

Übung zum 6. Strahl Gottes Rubin-Gold 131

7. *Strahl Violett*: Umwandlung 134

7. Universales Gesetz: Das Gesetz der Umwandlung 138

Übungen zum 7. Strahl Gottes Violett 139

8. *Strahl Aquamarin*: Klarheit 146

8. Universales Gesetz: Das Gesetz der Polarität-Klarheit 149

Übersichtstafel: Siebenfältige Planetarische Wirbelsäule und Zwölffältige Sonnen-Wirbelsäule 150

Übungen zum 8. Strahl Gottes Aquamarin 151

9. *Strahl Magenta*: Harmonie 155

9. Universales Gesetz: Das Gesetz der Harmonie 157

Übung zum 9. Strahl Gottes Magenta 157

10. *Strahl Gold*: Ewiger Frieden 158

10. Universales Gesetz: Das Gesetz des Gleichgewichtes, Ewiger Frieden 160

Übung zum 10. Strahl Gottes Magenta 160
11. Strahl Pfirsichfarben: Göttliche Zielsetzung und Auftrag 164
11. Universales Gesetz: Das Gesetz der Vollkommenheit 166
Anrufungen zum 11. Strahl Gottes 167
12. Strahl Opalfarben: Transformation 168
12. Universales Gesetz: Das Gesetz der Einheit 169
Übung zum 12. Strahl Gottes Opalfarben 169
Visualisieren der 12 Sonnen-Chakra Strahlen für Heilung und Selbst-Meisterschaft 171
177 Das Rosengebet für das Neue Zeitalter
Übersichtstafel: Das Rosengebet mit den 12 Strahlen 180
181 Musik mit der Kraft und Schwingung der 12 Strahlen
186 Welt-Heilungs-Meditation
Peace 21st – Ein Gedankenbild des Friedens 189
192 Schlußwort

ANHANG

194 Adressen und Informationen
195 Literatur- und Musikempfehlungen

Nur spirituelles Bewußtsein – die Verwirklichung von Gottes-Gegenwart in sich selbst und in jedem anderen Lebewesen – kann die Welt retten. Ohne dies sehe ich keine Möglichkeit für Frieden. Beginne mit Dir selbst. Vergeude nicht Deine Zeit. Es ist Deine Pflicht, Deinen Teil dazu beizutragen, das Königreich Gottes auf die Erde zu bringen.

Paramahansa Yogananda

Einleitung

Das *Goldene Zeitalter* ist da! Beginnend am 17. August 1987, anläßlich der Harmonischen Konvergenz, wurden die Erde und alles Leben auf eine neue, höhere Schwingungsfrequenz gebracht. Seitdem strömt fortlaufend mehr und mehr Licht in immer höheren Frequenzen ein, wodurch die Menschheit in eine neue Ebene des Bewußtseins »erwacht«. Wir »erinnern« uns, daß wir so viel mehr sind, als wir zu sein glaubten. In diesem Zeitalter gehen wir nach innen und haben dort Zugang zu der höchsten Wahrheit.

Bisher waren hauptsächlich die sieben Haupt-Chakren mit den sieben Strahlen entlang unserer siebenfältigen planetarischen Wirbelsäule bekannt. Seit der Harmonischen Konvergenz im August 1987 wurde die Schwingungsfrequenz verändert. Sie wurde stark erhöht, und zwar auf die Frequenz-Ebene, die entlang der Sonnen-Wirbelsäule unserer *Gott-Gegenwart*, unseres Göttlichen Selbst, vibriert. Sie ist wie eine große Lichtsäule. In dieser Wirbelsäule befinden sich 12 Sonnen-Chakren, die wie flammende Sonnen die Vollkommenheit der Eigenschaften der 12 Strahlen Gottes reflektieren. Diese wurden während des Jahres 1988 in der Erde und auf inneren Ebenen der Menschheit aktiviert, so daß die planetarische Wirbelsäule des irdischen Körpers an unsere Sonnen-Wirbelsäule der Gott-Gegenwart »ICH BIN« angeglichen wurde.

Damit die Erde in die Reiche des Lichtes aufsteigen kann, muß der 12fältige Aspekt von Gottes Vollkommenheit auf der physischen Ebene verankert werden. Für die Menschheit ist es jetzt notwendig, diesen 12fältigen Aspekt Gottes widerzuspiegeln, indem sie sich in Einklang mit der innewohnenden Gott-Gegenwart bringt und sich mit der 12fältigen Sonnen-Wirbelsäule verbindet.

Vertraue Deiner *inneren Stimme*. Du bist jetzt aufgerufen, bei der Transformation dieses gesegneten Planeten mitzuhelfen. Du bist ein Botschafter des Friedens und des Lichtes. Du kannst dazu beitragen, das Angesicht der Welt zu verändern. Beginne bei *Dir selbst*!

Etwas in Dir hat dieses Buch »angezogen« und ist bereit.

Jetzt ist die Zeit für die *Höchste Einweihung in das Christ-Sein* (siehe fünften Strahl auf Seite 97). Eine Einweihung in die Wahrheit und Wirklichkeit Deines Wesens. Sie wurde von Patricia Diane Cota-Robles von der New Age Study of Humanity's Purpose, Tucson, Arizona, USA, zur Verfügung gestellt und von mir ins Deutsche übersetzt.

Werde Eins mit Deinem Höchsten Selbst oder Deiner ICH BIN Gott-Gegenwart und fühle eine neue Identität als *Lichtwesen*. Die Informationen in diesem Buch werden Dir helfen, dies tatsächlich zu erkennen, durch die Übungen zu verwirklichen und Meister Deines Lebens zu werden. *Die Wahrheit wird Dich befreien*.

Während Du dieses Buch liest, bitte Dein Göttliches Selbst, Dir zu helfen, die Wahrheit zu erkennen und sie aufzunehmen. Versuche nicht, alles nur mit Deinem Verstand zu verstehen, sondern mit Deiner Herzens-Weisheit.

Durch die praktischen Übungen und Anrufungen im Buch erhalten wir große Hilfe, unser volles Potential zu entfalten. Die Übungen von der New Age Study sind mit (1) und die der Group Avatar mit (2) markiert.

Es würde mich sehr freuen, wenn dieses Buch Dich inspirieren würde und Dich erkennen ließe, wer und was Du in Wahrheit bist: *ein göttliches Wesen*, das hier eine körperliche Erfahrung macht!

Ich danke Dir für Deine Bereitschaft und Offenheit.

Möge sich der göttliche Plan der Vollkommenheit auf Erden verwirklichen.

MENSCHHEIT, ERWACHE ZUR GOTTHEIT!

11. Januar 1993 Brigitte Müller

Beschreibung und Erklärung zum Titelbild (2)

Das Titelbild stellt die Sonnenscheibe dar, eine kristallene goldene Sphäre, umrahmt von dem Kreis der Heiligen Zwölf – den 12 Sonnen-Erzengeln – und den zwölffältigen elektronischen Lichtbändern, mit der Dreifältigen Flamme in der Mitte. Ein zwölffältiger, vielfarbiger Sprühregen blendend-schimmernden, irisierenden Lichtes erfüllt diese Sphäre. Die Lichtstrahlen sind fließend, immer in Bewegung, und pulsieren mit der Fülle des göttlichen Lebens.

Diese spiralenförmig emporsteigenden Lichtwellen stellen die himmlische Wechselwirkung zwischen der dreifältigen Flamme im Zentrum und dem Kreis der Heiligen Zwölf um die Sonnenscheibe dar. Es gibt einen zentripetalen Lichtfluß vom Heiligen Kreis nach innen durch die dreifältige Flamme und einen zentrifugalen Lichtfluß von der dreifältigen Flamme nach außen zu den 12 Sonnen-Häusern um die Sonnenscheibe. Beide stellen die ausgeglichene Tätigkeit (Ein-/Ausatmung, Yin/Yang, Zusammenziehung/Ausdehnung, weiblich/männlich) der Sonnenscheibe dar. Die ganze Lichttätigkeit in der Sonnenscheibe errichtet das Kraftfeld kosmischer Harmonie, sei es für ein Atom, ein Individuum, einen Planeten oder eine Sonne. Innerhalb der Sonnenscheibe ist die ganze Wissenschaft der Sonnenfeuer-Alchimie, die jetzt auf Erden freigegeben wird. In der Sonnenscheibe erklingt die Melodie eines jeden Heiligen Christ-Selbstes auf Erden, wodurch der Himmelsgesang einer geistig-freien Erde entsteht. Die Fülle des großen »ICH BIN« ist in der Sonnenscheibe!

Der Kreis der Heiligen Zwölf ist der Elektronengürtel des Lichtes um die Sonne, die zwölf Sonnenhäuser um die Erde, die sowohl von den Sonnen-Erzengeln als auch den zwölf grundlegenden Sonnen-Eigenschaften repräsentiert werden. Die Sonnenscheibe ist jetzt auf jeder Ebene unseres Wesens in Tätigkeit, von unserer Flamme in der Sonne, durch jedes Atom und Elektron in der physischen Welt.

Visualisiere Dich selbst inmitten dieses Bildes und affirmiere:

»ICH BIN« die herrliche Sonnenscheibe.
»ICH BIN« Gott in Tätigkeit, überall gegenwärtig.
»ICH BIN« das »ICH BIN«.

ERSTER TEIL

Weltweite Aktivitäten zur Heilung und zum Aufstieg der Erde und der Menschheit im Wassermann-Zeitalter

Der lange erwartete Moment ist da. Das Goldene Zeitalter der Erleuchtung und Weisheit hat begonnen. Die selbstgeschaffene Trennung von Gott wird geheilt, und die Wahrheit unserer eigenen Göttlichkeit wird offenbar werden. Mehr und mehr von Gottes Licht strömt in unser Bewußtsein, und viele Menschen erwachen.

Viele Aktivitäten zur Heilung und zum Aufstieg der Erde und der Menschheit fanden in den letzten Jahren statt. Menschen aller Nationen vereinten sich an bestimmten angegebenen Tagen im Bewußtsein, um gemeinsam eine Lichtbrücke zu bauen. Es entstand ein Netzwerk des Lichtes. Ein kollektives Kraftfeld, das auf die gleichen Gedanken ausgerichtet ist, kann sehr viel Umwandlung bewirken.

Es begann mit dem Jahr 1986, das die Rückkehr von *Gottes Willen auf Erden* signalisierte.

Von den Vereinten Nationen wurde es zum *Internationalen Jahr des Friedens* deklariert. Am 1. März 1986 begann der *Große Friedens-Marsch.* Mehrere tausend Menschen marschierten von Los Angeles, Kalifornien, nach Washington, D.C., USA. Millionen Menschen der Welt und alle Regierungen erfuhren davon: Die Menschen der Welt wollen Frieden.

Ebenfalls im Jahr 1986 wurde PEACE the 21st – ein Gedankenbild des Friedens, das 1984 in Kanada ins Leben gerufen worden war, weltweit verbreitet. Da wir wissen, daß die Gedanken ein großes Kraftfeld aufbauen, waren wir aufgerufen, immer am 21. März, am 21. Juni, am 21. September und am 21. Dezember eines jeden Jahres von 19 Uhr bis 19.30 Uhr Ortszeit, ein großes *Vereintes Gedankenbild des Friedens* durch Meditation, Gebet, Affirmationen oder Musik zu erschaffen. Diese Meditation findet weiterhin jedes Jahr vier Mal statt, und wenn Du daran teilnehmen möchtest, kannst Du Dich durch positive Gedanken, die auf Frieden und Liebe ausgerichtet sind, mit einstimmen. (Weitere Informationen zu »Peace 21st« auf Seite 188.)

Im September 1986 fand dann der *Erste Erden-Lauf* statt. Er startete und endete bei den Vereinten Nationen. Eine Fackel aus Licht wurde um die Welt getragen, viele Kerzen wurden daran entzündet. Als die Fackel zurück nach New York kam, standen Millionen von Menschen am Straßenrand. Der General-Sekretär der Vereinten Nationen sowie die versammelten Welt-Führer empfingen die Fackel und die darin enthaltene Energie von Millionen von Menschen.

Welt-Heilungs-Meditation am 31. Dezember

Die nächste große Aktivität war die *Welt-Heilungs-Meditation* der Planetarischen Kommission. Sie rief Millionen von Menschen auf, sich am 31. Dezember 1986 um 12 Uhr mittags Greenwich-Zeit (13 Uhr MEZ) im Bewußtsein in der Meditation zu vereinen. (Welt-Heilungs-Meditation Seite 185). Über 800 Millionen Menschen aus fast allen Ländern haben seit Jahren daran teilgenommen, denn sie finden weiterhin immer am 31. Dezember, 12 Uhr mittags GMT (13 Uhr MEZ) und am letzten Tag eines jeden Monats weltweit statt.

Auch ich habe von Anfang an mitgewirkt. Ich erhielt das Buch *The Planetary Commission* von John R. Price in USA geschenkt. Es sprach mich so an, daß ich einen Verleger fand, Herrn Peter Erd, der auch dieses Buch verlegt, und er brachte das Buch dann auf Deutsch unter dem Titel *Deine Zukunft ist jetzt* heraus. Somit erhielten auch viele Menschen im deutschsprachigen Raum davon Kenntnis und konnten sich an der Meditation beteiligen. Außerdem verteilte ich Tausende von Informations-Blättern mit der Welt-Heilungs-Meditation in meinen Reiki-Seminaren. Inzwischen habe ich eine Ton-Kassette mit der Welt-Heilungs-Meditation mit vorheriger Reinigungs- und Heilungs-Visualisation hergestellt (Bezug siehe Anhang).

Jedes Jahr am 31. Dezember versammelte sich eine Gruppe von

Reiki-Freunden, und wir nahmen jedes Jahr an dieser Zeremonie teil. Viele weiße Kerzen wurden mit den Worten »Mögen Licht und Liebe Dein ganzes Wesen erfüllen« untereinander angezündet. Wir fühlten so viel Freude und Enthusiasmus, daß wir mit Schwung ins Neue Jahr überwechselten. Wenn auch Du Dein Licht mit hineinstrahlst und an dieser weltweiten Meditation teilnimmst, freue ich mich sehr! Je mehr Menschen sich daran beteiligen, um so stärker wird das Licht-Kraftfeld, das sich auf der physischen Ebene manifestiert. Dies war und ist die größte, vereinte Aktivität für planetarische Heilung, die je auf Erden stattgefunden hat. Durch den Erfolg dieser Meditation konnte die Schwingungsfrequenz der Göttlichen Liebe auf Erden sehr verstärkt werden.

Harmonische Konvergenz

Im Jahre 1987 verstärkte sich das Licht noch mehr, und der Höhepunkt war die Harmonische Konvergenz am 16. und 17. August. Dieser Zeitpunkt war ein Kosmischer Moment in der Evolution des Planeten Erde, der seit Hunderten von Jahren von Sehern prophezeit war. Auch hierfür versammelten sich die Licht-Dienenden zum Sonnen-Aufgang, möglichst auf einem Berg, um das einströmende Licht der Liebe zu kanalisieren und in die Erde weiterzuleiten.

Die weibliche Polarität Gottes, »die göttliche Liebe«, wurde mit der männlichen Polarität Gottes, »der göttlichen Macht«, in den Ebenen der Ursache ins Gleichgewicht gebracht und auf Erden verankert. Wenn diese beiden Polaritäten in vollkommenem Gleichgewicht sind, findet die Geburt des Sohn/Tochter-Prinzips Gottes statt – »Die Geburt des Christus-Lichtes der Erleuchtung«. Das gold-gelbe Licht der Erleuchtung strömte auf die Erde. Dieses Licht wurde von der Herzensflamme der Licht-Dienenden, die sich an heiligen Plätzen überall auf der Erde versammelt hatten, aufgenommen und an das Kristall-Gitter-System der Erde weitergeleitet. Dies ist ein Energie-System unserer Erde, ähnlich den Akupunktur-Meridianen, durch welches das Licht in die Erde übermittelt wird. Dadurch wurde das Kristall-Gitter-System wieder neu aktiviert und beschleunigte die Schwingungsfrequenzen allen Lebens, das sich auf der Erde entwickelt, in eine höhere Oktave des Lichtes. Dies fand auf der atomaren und damit auch der zellularen Ebene in jedem Baustein des Lebens statt.

Wir können nun die Augen vor der Tatsache nicht mehr verschließen, daß wir in einer großen Umwandlung sind. Durch das Einfließen von so viel Licht kommt all das, was nicht mit dem Licht harmoniert oder nicht im Einklang mit der Göttlichen Liebe ist, zur Klärung an die Oberfläche. Dies geschieht auf persönlichen, politischen, ökonomischen und anderen Ebenen. Wir können die Probleme nicht mehr einfach »unter den Teppich kehren«. Auch wenn es weltweit chaotisch zugeht, können wir dies als Gelegenheit sehen, daß die Dinge zur Reinigung und Umwandlung hochkommen. Hierfür erhalten wir große Hilfe, so daß wir uns ein Leben in Freude und Fülle erschaffen können.

Während der Harmonischen Konvergenz wurden unsere vier niederen Körper, der physische, ätherische, mentale und emotionale Körper, in ihrer Schwingung erhöht und an die Schwingungsfrequenz unserer »ICH BIN« Gott-Gegenwart angenähert. (Hierüber mehr auf den weiteren Seiten dieses Buches.)

Earth-Link 1988 (Erd-Verbindung)

Am 13. Februar 1988 zwischen 12 und ein Uhr nachts GMT, waren die Licht-Dienenden wieder zu einer globalen Feier des Geistes der Harmonie, des Friedens und der Liebe aufgerufen. Wieder versammelten wir uns an Heiligen Plätzen unserer Wahl und richteten unsere kollektive Liebes-Energie auf *Uluru* (der Berg Ayers Rock in Zentral-Australien). *Uluru* ist ein kraftvolles planetarisches Zentrum zur Verteilung von regenerierenden Energien in unserem jetzigen Welt-Zyklus. Über dieses Zentrum strömte ein Fluß von heilender Energie über die Erde, und das Herz und der Geist eines jeden Menschen wurden mit Liebe und Harmonie erfüllt.

1988 war das Jahr der Rückkehr der »ICH BIN« Gegenwart zur Erde, der Heilung unserer Trennung von Gott. Es war das Jahr der Einweihung. Die Menschheit wurde auf inneren Ebenen in eine neue Identität eingeweiht, indem jeder von uns eins wurde mit der Schwingung der Sonnen-Wirbelsäule unserer »ICH BIN« Gegenwart. Jeden Monat während des 12-Monats-Zyklus wurde ein Sonnen-Chakra, welches einen der 12fältigen Aspekte Gottes ausstrahlt, innerhalb der Sonnen-Wirbelsäule der Menschheit auf inneren Ebenen aktiviert. Jeder Aspekt von Gottes Vollkommenheit floß in die Menschheit ein, um alles Leben zu segnen.

Die Sonnen-Wirbelsäule ist die Wirbelsäule unserer Gott-Gegenwart »ICH BIN«. Sie ist wie eine große Lichtsäule, in der zwölf flammende Sonnen-Chakras die Vollkommenheit der Eigenschaften Gottes reflektieren. 1988 wurde auf inneren Ebenen der Menschen die Wirbelsäule des irdischen Körpers mit seinen sieben Chakren an die Sonnen-Wirbelsäule der »ICH BIN« Gegenwart angeglichen und mit Gottes Universaler Gegenwart »ICH BIN« das »ICH BIN« in Einklang gebracht. Das ist die Heilung der selbstgeschaffenen Trennung von Gott. Jahrtausendelang haben wir unsere wahre Herkunft vergessen und uns nur mit dem irdischen Körper und dem Ego identifiziert. Nun haben wir die Möglichkeit, uns wieder bewußt mit unserer Gott-Gegenwart zu vereinen und ihr die Führung unserer Persönlichkeit zu übergeben.

Totale Sonnenfinsternis am 11. Juli 1991

Diese Sonnenfinsternis stellte den Beginn einer neuen Zeit dar, einer neuen Wirklichkeit der Erde und ihrer Königreiche. Sie dauerte volle sieben Minuten, die längste Zeit, die eine Sonnenfinsternis je währte. Während dieser sieben Minuten wurde die Erdachse bewußtseinsmäßig *gerader* auf die Sonnenachse ausgerichtet und die Schwingungsfrequenz erhöht. Die Erde und andere Planeten wurden durch eine *universale Einatmung* näher zur Sonne, sowie alle Sonnen näher zur großen Zentral-Sonne herangezogen. Die jeweilige *Ausrichtung* der Erdachse bestimmt den Zugang und die Erfahrungen von anderen, höheren Bewußtseinsebenen. Wenn also die Achse »verbogen« ist, wie es der Fall war, wird der Zugang zu diesen höheren Ebenen schwierig.

Während dieser sieben Minuten wurde der Druck des Ungleichgewichtes, der Disharmonie und des Karmas vorübergehend von jeder Zelle, jedem Atom und Elektron, jedem sub-atomaren Teilchen der physischen Ebene der Erde aufgehoben. In diesem »kosmischen Moment« strahlte der Violette Strahl der Freiheit in vollkommenem Gleichgewicht zwischen der männlichen Polarität, der göttlichen Macht ›saphirblau‹, und der weiblichen, der göttlichen Liebe ›rosa‹ in die Erde ein. Der Violette Strahl der Freiheit, der zum allerersten Mal in diesen sieben Minuten *ungehindert* von Negativität in die Erde einstrahlte, verwandelte *50% des Karmas,* das heißt der je auf der Erde mißbrauchten Energien, in eine Schwingungsfrequenz der Vollkommenheit. Die Energie, die umgewandelt wurde, kam hauptsächlich aus unterbewußten und unbewußten Ebenen. Dadurch ist es uns möglich, unseren göttlichen Plan schneller wieder zu erkennen. Von der HÄLFTE unseres alten Ballastes aus der Vergangenheit wurden wir befreit. Die Kraft dieses einströmenden Lichtes beschleunigte den Kern der Vollkommenheit innerhalb eines jeden Atoms. Dies wiederum beeinflußte die Substanz des organischen zellularen Lebens auf der Erde, besonders die DNS und RNS, in welchen die Vollkommenheit des göttlichen Planes eingelagert ist.

11:11 Das Öffnen des Torweges 11:11 am 11. Januar 1992

11:11 ist ein vor-codierter Auslöser, der in unsere Erinnerungs-Datenbank vor unserem Abstieg in die Materie eingegeben wurde. Wenn dieser aktiviert wird, bedeutet es, daß unsere Zeit der Vollendung nahe ist. Die 11:11 wurde am 11. Januar 1992 aktiviert. (Weitere Informationen im Buch *An die Sterngeborenen* von Solara.)

Es war der wichtigste evolutionäre Schritt, der je auf der Erde gemacht wurde. Die 11:11 zeigt eine Zeit an, da der Erde und der ganzen Menschheit die Gelegenheit gegeben wird, in eine *neue Spirale des Bewußtseins* einzutreten. Diese Spirale verkörpert das Bewußtsein der *Einheit*. Der Torweg vereinte die *drei-dimensionale* Spirale der Dualität mit der *vier-dimensionalen* Spirale der Einheit.

Das Öffnen des Torweges der 11:11 war ein großes planetarisches Ereignis. Der Schlüssel, der den Torweg öffnete, wurde erschaffen, indem wir uns als *eins* zusammenfanden. Wir konnten nur als EINS IM BEWUSSTSEIN DES EINEN hindurchgehen. Zu diesem Zweck versammelte sich eine Gruppe von Licht-Arbeitern in Giseh, Ägypten, bei den großen Pyramiden, wo auch ich selbst mit teilnahm. Es gab zwei Zentralpunkte für diese Aktivierung. Bei den großen Pyramiden in Ägypten war der Omega-Punkt, das bedeutet, daß er als der Ort des Schließens der Tür der alten Bewußtseinsmuster (Dualität/Trennung) fungierte. Es symbolisierte unser letztes Lebewohl gegenüber den alten Energien, um dann den Torweg vollständig zu öffnen.

Der andere Zentralpunkt war der Alpha-Punkt in Neuseeland, der Ort größter Reinheit, ungefähr bei den Städten Queenstown, Te Anau und Milford Sound. Dort manifestierte sich die Neue Oktave der *neuen Bewußtseins-Spirale der Einheit*. Außerdem war es eine der ersten Zeitzonen auf dem Planeten, die in den 11. Januar eintrat. Auch in Neuseeland versammelte sich eine Gruppe von Licht-Arbeitern, die sich an den Zeremonien beteiligten.

Außerdem fanden sich weltweit viele Gruppen von Menschen zusammen, vereinten sich im Bewußtsein und nahmen an der Zeremonie teil. Diese Zeremonie begann am 11. 1. 1992 um 0:11 Uhr nachts in Ägypten, denn um diese Zeit war es 11:11 Uhr morgens in Neuseeland, dem Alpha-Punkt. Die 38stündige Zeremonie (um alle Zeitzonen der Erde abzudecken) zur Öffnung des Torweges hatte begonnen!

Da ich selbst an dieser Zeremonie unter freiem Himmel bei der Mykerinos Pyramide teilnahm, möchte ich nachfolgend meine Erlebnisse schildern, die sehr tiefgreifend waren. Gerade heute ist der 11. 1. 1993, ein Jahr später!

Mit Erlaubnis der Regierung fand die Zeremonie auf dem heiligen

Mykerinos Pyramide, Giseh, Ägypten. 11. 1. 1992 Öffnung des Torweges

Zeremonie »Sakrale Sternenprozession«

Hof und Tempel der AN Familie unterhalb der Mykerinos-Pyramide statt. Dieser Hof war noch niemals zuvor für irgendwelche Veranstaltungen freigegeben worden. Um 23 Uhr nachts am 10. 1. 92 versammelten wir uns im Hof. Alles fand unter freiem Himmel statt. Zunächst war der Himmel mit Wolken bedeckt, es war windig und sehr kalt. Auf einmal war der Himmel blitzartig klar, die Sterne leuchteten, und das Sternbild des Orion und der Halbmond waren direkt über uns zu sehen. Wir waren alle weiß gekleidet, als Symbol der Reinheit unserer vereinten Gegenwart und trugen goldene, silberne, rosa, lila glitzernde Sternenkränze im Haar. Der alte Steinhof war mit Kerzen, die in den Stein- und Mauernischen brannten, erleuchtet. Das war ein Anblick, den ich nie vergessen werde! Vor uns das Dreieck der Pyramide, die hoch in den Himmel ragte. Über uns das sternenklare Himmelszelt.

Die Musik *Angelic Harp Music* von Erik Berglund, der mit Solara die Zeremonien leitete, ertönte. Um den Hof und um uns standen die 12 Hüter, die die 12 Strahlen repräsentierten. Sie überwachten und hielten die Energien während der Zeremonien, die das Licht verankerten.

Um 0:11 Uhr nachts am 11. 1. begannen die Zeremonien. Wir faßten uns alle an den Händen und formten einen großen, heiligen Kreis. Ein zweiter Kreis entstand innen, und wir standen uns gegenüber. Der äußere Kreis symbolisierte die strahlende Sonne, der innere Kreis den Mond, der das Licht der Sonne reflektiert. Die beiden Kreise bedeuteten die Vereinigung aller Polaritäten, das Ende der Dualität, und stellten die volle Aktivierung der AN Familie dar. (Viele der Sterngeborenen stammen aus der großen Linie von AN. AN repräsentiert die Vereinigung von Sonne und Mond, jegliche Dualität aufgelöst in EINS). In der Mitte dieser beiden Kreise gab es dann noch mehrere kleinere Kreise (innere Räder) von jeweils 11 Personen. Wir begannen mit den vereinten Bewegungsfolgen, die »Null-Zeit, Null-Raum, Null Dualität« symbolisierten, gefolgt von der *Antarion Konversion* (Umkehrung/Umwandlung), die das Tor zum Alten schloß, das Tor zum Neuen öffnete, und wir schritten durch dieses Tor.

Die Sonnenkreise bewegten sich im Uhrzeigersinn, die Mondkreise gegen den Uhrzeigersinn. Dabei blickten wir uns (Sonne und

Mond) gegenseitig tief in die Augen und sahen den anderen als Spiegelung des EINEN. Die inneren Kreise der 11 Personen gingen 11 Schritte, vereinten ihre rechte Hand zusammen in der Mitte, das war das Tor. Dann schritt jeder hindurch, dann wieder 11 Schritte, Hände auf Herzhöhe, die rechte Hand wurde nun auch in die Mitte geführt und dabei sagte man innerlich: »Ich diene dem Einen«. Alle waren mit den Händen und Herzen vereint, atmeten die Einheit ein und fühlten sie. Alsdann erhoben sich die Hände und der Kreis öffnete sich wie eine Blume. Alle hielten sich an den Händen und die Räder begannen sich zu drehen, so daß sich alle Kreise drehten.

Anschließend formten wir einen großen Stern und die sakrale Sternenprozession begann, begleitet von einer wunderbaren Musik. Das Licht strömte in uns ein und mit jedem Schritt, den wir gingen, wurde die Erde mit *Lichtsternchen* (Licht-Elektronen) imprägniert, die durch unsere Füße hineingepreßt wurden. Jeden Schritt, den wir gingen, machten wir bewußt für einen anderen Menschen mit. Und es waren Millionen und Millionen Schritte, die während der 38 Stunden dauernden Zeremonie *ununterbrochen* gemacht wurden. Mehrere hundert Menschen waren dabei. Zwischendurch gingen wir während der zwei Tage mal ganz kurz für einige Stunden zum Frischmachen in das nahegelegene Hotel.

Die Lichtwelle begann in Neuseeland, dem Alpha-Punkt, und setzte sich über den ganzen Planeten fort. Als sie die Mitte (Giseh-Pyramiden) erreichte, verdoppelte sich die Lichtwelle, denn die große Pyramide steht genau auf der Linie, welche die Welt in der Mitte teilt! Stündlich wiederholten wir die Bewegungsfolgen und die Sternenprozession und stimmten uns auf die anderen Teile der Welt rund um den Erdball ein, wo die anderen Gruppen die gleichen Zeremonien abhielten.

Außerhalb der Hofmauern hatten sich die Kamel-Führer mit ihren Kamelen versammelt. Die Kamele machten lange Hälse, damit sie über die Mauer blicken konnten. Sie beobachteten uns und lauschten andächtig der Musik. Es gab ein paar phänomenale Polaroid-Fotos, auf denen das *Goldene Tor* im Himmel zu sehen war!

Am 12. 1. 92 um 13:11 Ägyptischer Zeit (11:11 Uhr Greenwich Mean Time) endete die Zeremonie. Wir waren alle tief berührt, ergriffen und begeistert. Es war still in uns und um uns. Wir fühlten den großen Lichtstrahl und die EINHEIT. Wir wissen jetzt, daß wir wahrlich EINS sind. Dies war die Erfüllung der Prophezeiungen der sakralen Sonnentanzkreise.

Das Tor wird 20 Jahre lang geöffnet bleiben. Immer mehr Menschen werden *erwachen* und sich an ihre wahre Herkunft erinnern. Jedes Jahr am 11. Januar bis zum Jahr 2012 werden wir eine weitere Gelegenheit erhalten, höher in die Oktaven der Vollkommenheit aufzusteigen. Schritt für Schritt wird unsere Transformation erfolgen, bis alles Leben auf dieser Erde aufgestiegen und frei ist.

An dieser Stelle möchte ich allen Menschen von Herzen danken, die sich an den Licht-Aktivitäten für unsere Erde beteiligen, sie mit ihrer Energie unterstützen und für Frieden beten.

Auf den weiteren Seiten dieses Buches wird viel Wissen über unser wahres Wesen und den Sinn unseres Daseins vermittelt, so daß wir durch innere Erkenntnis unseren Göttlichen Plan erfüllen können. Es ist jetzt an der Zeit, daß dieses Wissen, das früher nur die *Geheimen Mysterien-Schulen* vermittelten, verbreitet wird.

Die sieben Körper des Menschen

Der Mensch besteht aus sieben Körpern, wovon einer sichtbar ist, die anderen sechs sind unsichtbar. Die drei geistigen sind die drei höheren Körper, die vier niederen sind die Körper, die wir brauchen, um auf der physischen Ebene zu existieren. Die folgende Aufstellung gibt einen Überblick über diese Körper:

Die drei höheren Körper

1. Der Gottesfunken aus dem Herzen Gottes, gekleidet in die Dreifältige Flamme, umgeben von einem Kreis aus Licht, genannt *Weißes Feuerwesen;* individualisiert als »ICH BIN« Gott-Gegenwart = Elektronische Gegenwart. (Das Weiße Feuerwesen und die »ICH BIN« Gott-Gegenwart können auch als zwei Körper gesehen werden, so daß es dann insgesamt vier höhere Körper wären.) (s. Farbabbildung)
2. Kausal-Körper mit 12 Bändern aus Licht; Zwölffältige Sonnen-Wirbelsäule mit 12 Sonnen-Chakren
3. Heiliges Christ-Selbst (oder Christus-Selbst), umgeben von der Ewigen Dreifältigen Flamme; siebenfältige physische Wirbelsäule mit den sieben Bändern aus Licht mit sieben Chakren. (Auch »Höherer Mental-Körper« genannt.)

Die vier niederen Körper

4. Emotional- oder Gefühls-Körper, Element Wasser
5. Mental- oder Gedanken-Körper, Element Feuer
6. Ätherischer Körper, Element Luft
7. Physischer Körper, Element Erde

Die elektronische Lichtsubstanz und die drei höheren Körper

1. Der Gottesfunken aus dem Herzen Gottes,
gekleidet in die **Dreifältige Ewige Flamme**, umgeben von einem Kreis aus Licht – genannt das *Weiße Feuerwesen*. Eine Hälfte des Kreises manifestierte die männliche Natur Gottes, die andere Hälfte die weibliche, die sogenannten Zwillingsstrahlen, woraus zwei individualisierte Gott-Gegenwart »ICH BIN« entstanden. (Bibelstelle 2. Buch Moses, Exodus 3,13/14 »Gott entgegnete Moses »ICH BIN« der »ICH BIN«.) Der Name Gottes ist »ICH BIN«, in englischer Sprache »I am« = OM in Sanskrit. Auch in der Offenbarung des Johannes 1,8 heißt es »ICH BIN das Alpha und das Omega (der Anfang und das Ende), spricht Gott der Herr«.

Das Weiße Feuerwesen besteht aus reinem, sprühenden, tanzenden, elektronischen Licht. Der Göttliche Lichtstrahl verbindet die individualisierte Göttlichkeit, die »ICH BIN« Gott-Gegenwart in jedem menschlichen Wesen, mit ihrer Quelle, dem Sonnen-Logos unseres Sonnen-Systems, und durch diese mit Alpha und Omega, der großen Zentral-Sonne. Von diesem Göttlichen Strahl erhalten wir unser Leben. Dieser unsichtbare Strahl aus reinem, weißen elektronischen Licht gibt uns Bewußtsein, Licht, Intelligenz, Energie und physisches Dasein. Aus dem Herzen der »ICH BIN« Gott-Gegenwart fließt ein Strahl von Elektronen (Prana = Lebensenergie) durch die Silberschnur in den Kopf des physischen Körpers, teilt sich, wobei ein Strahl die Wirbelsäule hinunterfließt und der andere sich in unserem Herzen verankert. (»...ehe die silberne Schnur zerreißt«, Prediger 12,6.)

Die Dreifältige Flamme, die in jedem menschlichen Herzen verankert ist, symbolisiert die *Heilige Dreieinigkeit*: den Vater – »ICH BIN« –; den Sohn – der Christus; und den Heiligen Geist – die Mutter. Links ist die Flamme blau (Vater) – Gottes Willen und Macht, rechts ist die Flamme rosa (Mutter/Heiliger Geist) – göttliche Liebe, in der Mitte ist die Flamme goldgelb (Sohn/Tochter/Der Christus) – Göttliche Weisheit. Das Weiße Feuerwesen erschuf die Dualität der Göttlichkeit, eine weibliche Polarität von göttlicher Liebe und eine männliche Polarität von göttlicher Macht (diese Polarität wird auch als Zwillingsstrahlen des »ICH BIN« bezeichnet) und projizierte diese Flamme in das *Heilige Christ-Selbst*. Die Zwillingsstrahlen formten eine weibliche und eine männliche »ICH BIN« Gott-Gegenwart und sandten einen Teil von sich selbst in die Welt der Form, um ihre göttliche Natur und das Königreich des Vaters auszudehnen.

2. Kausal-Körper mit 12 Bändern aus Licht

Der Kausal-Körper beinhaltet die 12 Sphären der Göttlichkeit, in denen die 12 Aspekte Gottes enthalten sind. Nach und nach formten sich die 12 Licht-Bänder mit ihren göttlichen Eigenschaften um unsere »ICH BIN« Gott-Gegenwart, erschufen die Sonnen-Wirbelsäule und verankerten sich darin, wodurch die 12 Sonnen-Chakren entstanden. Sie sind wie flammende Sonnen, und die 12 Eigenschaften Gottes strömen durch sie in alle Sphären unserer »ICH BIN« Gott-Gegenwart (s. Kapitel *Die Eigenschaften der 12 Sonnen-Chakra Strahlen* s. Seite 75). Im Kausal-Körper sind alle guten Taten aufgezeichnet, die ein Individuum je auf allen seinen Reisen in den inneren Sphären vollbracht hat, sowie alle guten Erfahrungen, die es in den Verkörperungen erlebt hat.

3. Das Heilige Christ-Selbst.

Um auf der physischen Ebene, der dritten Dimension, zu existieren, mußte die Gott-Gegenwart eine Art Transformator mit niedrigeren Schwingungen erschaffen. Sie projizierte ihr Ebenbild in der dreifältigen Ewigen Flamme in die dritte Dimension, und das *Heilige Christ-Selbst* entstand. Es ist reines und vollkommenes Bewußtsein und der Vermittler zwischen Gott und Mensch. Es kann nach oben zur Gott-Gegenwart und nach unten in das äußere Selbst und seine Schatten sehen. Das Christ-Selbst weiß auch, wie diese umzuwandeln sind. Die »ICH BIN« Gott-Gegenwart verblieb in der vierten Dimension und erhält das Christ-Selbst durch Lichtprojektionen aus der 12fältigen Sonnen-Wirbelsäule. Aus der vierten Dimension wurde die Schwingung herabgesetzt und teilte sich in die siebenfältigen physischen Regenbogen-Farb-Strahlen. Daraus entstand die siebenfältige planetarische Wirbelsäule mit ihren sieben Haupt-Chakren und deren Farben von oben nach unten: Violett, Indigo, Blau, Grün, Gelb, Orange und Rot. Der siebenfältige Kausal-Körper wurde erschaffen.

Die vier niederen Körper

4. Der Emotional- oder Gefühls-Körper
5. Der Mental- oder Gedanken-Körper
6. Der Ätherische Körper
7. Der Physische Körper

Durch Elementar-Substanz entstanden die vier niederen Körper, die wir hier auf Erden benötigen, um Meister der physischen Materie durch Gebrauch unserer schöpferischen Fähigkeiten zu werden. Diese Körper werden die vier niederen Körper genannt: der Emotional- oder Gefühls-Körper, der Mental- oder Gedanken-Körper, der ätherische Körper (sichtbar über Kirlian-Fotografie) und der physische, grobstoffliche Körper. Wir sind multi-dimensionale Wesen, die auf unterschiedlichen Ebenen in mehreren Körpern und Dimensionen gleichzeitig wirken.

Um die Elementar-Substanz, aus der die vier niederen Körper erschaffen sind, zu erhalten, holte sich das Christ-Selbst von der »ICH BIN« Gott-Gegenwart das Göttliche Licht. So entstanden die Energie-Wirbel der fünf Elemente, die diese Körper energetisieren.

Der erste Elementar-Wirbel, der *Geist- oder Äther-Wirbel*, entstand etwa 30 cm oberhalb des Kopfes des Christ-Selbst. Reine, geistige Energien fließen von unserer »ICH BIN« Gott-Gegenwart in die Elementar-Substanz der vier niederen Körper. Dann entstand der *Luft-Wirbel* im Bereich des Halses des Christ-Selbst. Durch diesen Wirbel strömt spirituelle Licht-Substanz, um unseren ätherischen Körper zu energetisieren. Als nächstes wurde der *Feuer-Wirbel* in der Mitte der Brust unseres Christ-Selbst erschaffen, er energetisiert unseren Mental-Körper. Der *Wasser-Wirbel* entstand am Steißbein unseres Christ-Selbst und speist den Emotional-Körper. Zwischen den Füßen unseres Christ-Selbst wurde der *Erd-Wirbel* erschaffen, der unseren physischen Körper kräftigt.

Das Heilige Christ-Selbst hatte die Meisterschaft über die vier niederen Körper, und gehorsam befolgten sie dessen Anweisungen. Der Mental-Körper hatte nur Gedanken, die vom Christ-Selbst kamen. Der Emotional-Körper hatte nur Gefühle der Liebe und Harmonie. Der ätherische Körper zeichnete nur die Vollkommenheit des Christ-

Selbst auf, so daß der physische Körper ewige Jugend, Gesundheit und Schönheit reflektierte. Dies war vor dem »Fall« der Menschheit, bevor die Ego-Persönlichkeit die Herrschaft übernahm. Jetzt ist die Zeit, daß wir in das göttliche Bewußtsein zurückkehren, die Führung wieder unserem Christ-Selbst übergeben und erkennen, daß wir nicht nur dieser sichtbare, physische Körper sind, mit dem wir uns voll identifiziert haben.

4. **Der Emotional- oder Gefühls-Körper**, Element Wasser, ist der größte und auch der schwierigste unter den vier Körpern. Er enthält alle unsere Gefühle und besteht aus dem Wasser-Element. Da etwa 80 % der Erdoberfläche aus Wasser besteht, erfährt jedes Wesen, das auf der Erde verkörpert ist, seine karmischen Lektionen zu 80 % über den Gefühlskörper. Die schwierigste Lernaufgabe ist die Kontrolle über die Gefühlswelt. Wenn wir Meisterschaft über die Gefühlsnatur erlangen, haben wir den »Schul-Abschluß« auf der Erde bestanden. Wir müssen immer wieder auf der Erde inkarniert werden, solange wir dies nicht gelernt haben.

Dieser Emotional-Körper wurde gebildet, damit er die göttlichen Ideen und Gedanken der »ICH BIN« Gott-Gegenwart fördert, die über das Christ-Selbst einströmen. Positive Gedanken, Worte und Taten haben wenig Wirkung, wenn sie nicht von Enthusiasmus und innerem Schwung getragen sind. Der Emotional-Körper wurde erschaffen, um in ihn die anderen niederen Körper wie in eine Wiege hineinzulegen. Die Sehnsüchte, Launen, Wünsche und verschiedenen Gefühle, wie Liebe/Haß, Freude/Trauer-Wut, Vertrauen/Zweifel, Mut/Angst formen den physischen Körper und bringen uns entweder Erfüllung oder Niederlage, Gesundheit oder Krankheit, Gutes, Schlechtes oder Unbedeutendes. Dieser Körper wird also zunächst von den Gefühlen des Individuums selbst geprägt, nimmt aber auch aus der unmittelbaren Umgebung sowie aus höchster Quelle des Sonnen-Systems Energien auf, die seinem Entwicklungsstand entsprechen.

5. **Der Mental- oder Gedanken-Körper**, Element Feuer, enthält alle unsere Gedanken. Er ist der Träger des Bewußtseins, besteht aus geistiger Substanz und durchdringt den emotionalen und den physischen Körper. Der Mental-Körper übermittelt Gedanken auf der

Mental-Ebene durch Farbe, Ton und Form. (Deswegen sind die Visualisationen so wirksam, beispielsweise auch über Ton-Kassetten, siehe Seite 171 *Visualisieren der 12 Sonnen-Chakra Strahlen, Reiki Chakra Selbst-Behandlung,* Verlag Peter Erd.) Der Gedanken-Körper und der Gefühls-Körper bringen die Energie der Licht-Substanz/Elektronen in eine Form. (Gedankenformen, die sich dann auf der physischen Ebene manifestieren.) Die Elektronen sind der wesentliche Bestandteil allen Lebens. Sie kreisen um den Kern des Atoms. Das Atom ist wie ein Mini-Universum und ist der Baustein für jede physische Manifestation, auch die unserer vier niederen Körper. (Siehe auch »Das Wesen des Atoms« Seite 57).

Des Menschen Auf- oder Abstieg, Sieg oder Niederlage, hängt vom Gedanken-Körper ab. Er ist wie ein Magnet, der ähnliche Gedanken sowie Gedankenströme aus der Mental-Ebene selbst anzieht. (Was Du denkst und fühlst, worauf Du Deine Aufmerksamkeit richtest, erhält Energie; dadurch verwirklicht es sich und nimmt *Gestalt* an.) Wenn wir den physischen Körper während des Todesvorganges verlassen, nehmen wir alles mit, was wir in unseren mentalen, emotionalen, und ätherischen Körpern angesammelt haben. Bei weiteren Verkörperungen bringen wir diese Ansammlungen wieder mit.

6. Der ätherische Körper, Element Luft, ist sehr nah um den physischen Körper herum und durchdringt ihn, jede Zelle und jedes Organ. Er ist das *Doppel* des physischen Körpers. Zusammen mit den anderen feinstofflichen Körpern formt sich die Aura. Der ätherische Körper ist ein Energie-Körper, er besteht aus Kraftzentren, den sieben Haupt-Chakren, Nebenchakren und Kraftlinien, den Meridianen. Die Energie empfängt dieser Körper von vielen Ebenen, beispielsweise von der Sonne (auch von *Reiki*), von den 12 Strahlen, die ihre Eigenschaften hineinstrahlen, sowie von der Erde. Er ist wie ein Lagerhaus aus Energie und übermittelt diese über die Milz in alle Teile des physischen Körpers. Seine Aufgabe ist es, Energie zu empfangen, aufzunehmen und weiterzuleiten.

Er besteht aus ätherischer Substanz und enthält alle Erinnerungen und Erfahrungen aus der Vergangenheit, gute oder schlechte (Unterbewußtsein). Alle Erfahrungen des Lebensstromes werden in diesem Körper aufgezeichnet und aufbewahrt. Vom Gedanken-Körper empfängt er die Ideen, die von der Gefühlswelt mit Energie aufgeladen sind. Bevor Gedanken und Gefühle in der physischen Welt manifestiert werden können, müssen sie den ätherischen Körper passieren. Deswegen ist es von großer Bedeutung, daß die *Missetaten*, die darin aufbewahrt sind, umgewandelt werden (siehe *Violette Flamme – Umwandlung der Vergangenheit* auf Seite 139). Diese Aufzeichnungen formen die Persönlichkeit und geben allen Tätigkeiten des einzelnen ihre besondere Note.

Der ätherische Körper besteht also aus Licht und Schatten. Unser Körper-Bewußtsein (auch Ego-Persönlichkeit) hat seit so langer Zeit die Herrschaft übernommen, daß es unserer »ICH BIN« Gott-Gegenwart in unserer Herzensflamme, dem Göttlichen Selbst, nicht erlaubt war, bewußte Kontrolle über unsere Energien auszuüben, da wir das Geschenk des *Freien Willens* erhalten hatten. Hauptsächlich beherrschen die vier niederen Körper (Gefühls-, Gedanken-, ätherischer- und physischer Körper) unsere Energien, ergreifen davon Besitz und verursachen dementsprechende Handlungen, die wiederum nach dem Gesetz des Kreislaufs (siehe Seite 128) zu uns zurückkehren. Deswegen ist es wichtig, im *Jetzt* zu leben, Freude zu fühlen, harmonische Gedanken und Gefühle zu haben, denn »das bringen wir in die Form«, das heißt, es nimmt Gestalt an. Alle negativen Gefühle wie Ärger, Verstimmung, Haß, Abneigung sind das Resultat aus der Vergangenheit. Wenn wir also mit bestimmten Menschen problematisch zusammenprallen, wird die entsprechende Energie im ätherischen Körper aktiviert und wir handeln und reagieren disharmonisch. Bedenke aber, daß auch diese Energie im Kreislauf wieder zu Dir zurückkommt, damit sie in Liebe umgewandelt wird. (Was du aussendest, kehrt zu Dir, dem Absender, vervielfacht zurück. Du hast immer die Wahl, was möchtest Du zurückhaben? Was Du säst, das erntest Du!)

Der ätherische Körper ist wie ein Spiegel. Er spiegelt alle Erfahrungen und drückt Gedanken und Gefühle in Form und Gestalt aus. In diesem Körper ist auch die »Silberschnur« verankert, die beim physischen Tod abgetrennt wird.

7. **Der physische (sichtbare) Körper**, Element Erde, ist aus dem Element Erde erschaffen; wir brauchen ihn, um hier auf dem Erdplane-

ten zu existieren. Er ist die Verankerung auf der Erde, durch ihn sollten die göttlichen Eigenschaften der anderen Körper fließen. Wenn diese Körper im Einklang mit dem Weißen Feuerwesen – »ICH BIN« Gott-Gegenwart – sind, werden sie zur MEISTER GEGENWART hier auf Erden. Die Unvollkommenheiten und Krankheiten im physischen Körper sind nur das Resultat der negativen Einwirkungen der Gefühls-, Gedanken- und ätherischen Natur von sich selbst, von anderen Lebensströmen, von vergangenen und gegenwärtigen Verbindungen, Einflüssen und Beziehungen.

Über unser Bewußtsein erkennen wir, daß jegliche Energie ursprünglich von Gott kommt. Wir können uns von der Materie befreien, indem wir die spirituelle Natur der »ICH BIN« Gott-Gegenwart entfalten und Meister über Energie und Schwingung werden, das heißt bewußte Kontrolle über unsere schöpferischen Fähigkeiten von Gedanken und Gefühlen ausüben. Durch die bewußte Verbindung mit der Gegenwart Gottes in unserer Herzensflamme können wir *Licht* in unseren Körper leiten. Rufe die göttliche Liebe in jedes Elektron und jede Zelle Deines Körpers, dadurch wird er verfeinert und von Licht erfüllt. Alles, was wie »feste« Materie aussieht, ist in Wirklichkeit erfüllt von göttlicher Energie und Licht, Milliarden und Milliarden von tanzenden, elektronischen Lichtfünkchen.

Dadurch, daß unsere vier niederen Körper (Ego-Persönlichkeit) *selbständig* gemacht haben, was sie wollten, sind wir in den Zustand gekommen, in dem wir heute sind. Um dies zu ändern, brauchen diese Körper Klärung und Reinigung. Wir müssen die Führung durch Ausübung unseres Freien Willens wieder unserer »ICH BIN« Gott-Gegenwart in unserem Herzen übergeben. Besonders der Einfluß des Violetten siebten Strahles der Befreiung, Umwandlung und Liebe, der jetzt der führende Strahl für dieses Zeitalter – die nächsten 2000 Jahre – ist, wird uns helfen, unsere disharmonischen Energien umzuwandeln.

Der Aufgestiegene Meister St. Germain, der Schirmherr für dieses Zeitalter und den Violetten siebten Strahl, sagt dazu (aus: *The Ascended Masters write the Book of Life*): »Der Zweck des Gefühls-Körpers ist es, die Natur Gottes mit allen ihren Eigenschaften und Tugenden, wie Reinheit, Mitgefühl, Vergebung, Glück, Frieden, Freude, Liebe auszustrahlen. Er wurde nicht geschaffen, um Gefühle der Gewalt, die sich in Kampf, Krieg und Unvollkommenheiten manifestieren, zu haben. Er wurde von der Substanz aus der Gefühls-Ebene erschaffen, und das ist die Ebene der Erzengel und Engel. Der Gedanken-Körper ist aus geistiger Substanz zur Verwendung für das äußere Selbst (Persönlichkeit) gestaltet. Der ätherische Körper, der Sitz des Gedächtnisses, ist aus ätherischer Substanz geschaffen. Der materielle Körper entstand aus den Elementen der Erde.

Aber nichts davon bist Du! Das Heilige Christ-Selbst, das in der Dreifältigen Ewigen Flamme Gottes wohnt, die von Deiner eigenen »ICH BIN« Gott-Gegenwart kam und in Deinem Herzen schlägt, ist das *wahre Du!* und hat die anderen Körper als Werkzeuge erschaffen, damit Du sie gebrauchen kannst. Wenn natürlich Dein Gefühls-Körper die Christus-Energie für Ärger und Wutausbrüche benutzt oder Dein Gedanken-Körper sich Begrenzungen und Mangel vorstellt, der ätherische Körper die Unklarheiten der Vergangenheit energetisiert und der irdische Körper fortgesetzt nach Aufmerksamkeit schreit, dann hat die Heilige Christus-Flamme *in Dir* nicht die Möglichkeit, ihren göttlichen Plan zu verwirklichen.

Du mußt den Befehl und die Führung über diese vier niederen Körper übernehmen, denn Du hast die Verantwortung für ihre Auferstehung und ihr Leben übernommen. Wenn Du diese Körper mit Gefühlen der Harmonie, Toleranz, Reinheit, Liebe, Glückseligkeit, Freude, Verständnis und allen schönen und guten Eigenschaften erfüllst, *strahlst Du Licht aus*.«

»Bevor die vier niederen Körper nicht eingegliedert sind, wird der spirituelle Fortschritt und die Evolution der Menschheit unvollständig sein. Das ›nur auf den Verstand‹ Ausgerichtetsein, wie wir es in der Schule lernen, hinterläßt die unsichtbaren und machtvollen Körper des Einzelwesens vollkommen ungeschult, so daß diese Körper die Notwendigkeit der Kooperation im Evolutions-Fortschritt des Geistes überhaupt nicht erkennen.« (Ende des Auszuges)

»Die vier niederen Körper beeinflussen das Bewußtsein sehr und halten die unaufgestiegenen Wesen in einem Stadium von konstantem Wechsel. Um das Aufgestiegene Meister-Bewußtsein zu erreichen, müssen wir die Kontrolle über die vier Körper, die ständig das individuelle Bewußtsein des Lebensstromes bestimmen, und deren Kooperation erlangen.

Zur Vorbereitung für die Meditation solltest Du um bewußte Mithilfe der vier niederen Körper bitten. Nachdem Du dann Deine Natur für das Einströmen des Göttlichen Bewußtseins von Deinem Höheren Selbst vorbereitet hast, erkennst Du die Wahrheit, daß es nur die Schwingungen der Gedanken und Gefühle sind, die sich verändern. Du kannst die Höheren Oktaven bewußt betreten, indem Du die Schwingung Deiner vier niederen Körper zu dem Punkt erhöhst, wo sie in die vibrierende Tätigkeit von *allem um Dich herum*, das immer gegenwärtig ist, eintreten. Du kannst Dich einstimmen, indem Du den gleichen Ton anstimmst, in dem das Aufgestiegene Meister-Bewußtsein schwingt.

So ist zum Beispiel die Schwingung von Freundlichkeit – der Geist der Freundlichkeit – immer gegenwärtig, wir müssen ihn nicht von weit entfernten Sternen holen. Der Lebensstrom, der sein Bewußtsein mit Freundlichkeit erfüllen möchte, braucht nur die vibrierende Tätigkeit der inneren Körper zu erhöhen, und der Raum und die Luft werden von der Substanz der Freundlichkeit erfüllt sein. Wenn Du Dich dann darauf einstimmst, wird die Schwingung der Freundlichkeit in Dich einfließen und Du erfährst das kosmische Gefühl, welches Freundlichkeit ist. Es ist das gleiche mit Reinheit, Weisheit, Liebe und den vielfältigen Gottes-Eigenschaften. Genauso wie Musik den Raum erfüllt, wozu man jedoch ein mechanisches Gerät braucht, damit das Ohr sie hören kann, so ist *das Königreich des Himmels immer da*. Es braucht nur die bewußte Einstimmung der inneren Körper, daß Du die Fülle der Licht-Oktaven erfährst, so, als ob Du ein Programm über das Radio hörst.« (Ende des Auszuges *The Gnosis and the Law*, Tellis S. Papastavro)

Der Fall und die Trennung von unserer eigenen Göttlichkeit

Der Zweck unserer Erdenexistenz ist es, uns in einer dichten, drei-dimensionalen Ebene die Gelegenheit zu geben, unsere kreativen Zentren von Gedanken und Gefühl zu gebrauchen und die Vollkommenheit der Himmlischen Sphären in die physische Form zu bringen. Wir sollten Meister der physischen Energie werden. Somit waren wir befähigt, Mit-Schöpfer Gottes zu sein und des Vaters Königreich immer weiter auszudehnen.

Unser Heiliges Christ-Selbst bediente sich der ungeformten ursprünglichen Licht-Substanz und brachte sie durch Gedanken und Gefühl in manifestierte Form. Das, was wir in unserem Bewußtsein hatten, nahm Gestalt an. Jede Person sandte ihre Gedanken, Gefühle, Worte und Handlungen wie einen elektromagnetischen Strom von Energie aus. Dieser Energiestrom ging sofort zu der Person, an den Ort, in die Situation oder zu dem Gegenstand, an den sie dachte. Nachdem der Energiestrom (unser Geschenk des Lebens) beim Empfänger, an seinem Ziel, angekommen war, kam er zuerst zurück zum Absender und dann zurück zu seiner Quelle, dem Herzen Gottes. Zuerst wurde dieses Geschenk des Lebens nur harmonisch und im Einklang mit Gottes Willen benutzt. Das Christ-Selbst war verbunden mit der »ICH BIN« Gott-Gegenwart, und die Gedanken und Gefühle, die durch die vier niederen Körper ausgedrückt wurden, spiegelten die Vollkommenheit der himmlischen vierten Dimension wider und drückten den göttlichen Willen hier auf Erden aus. Das Universale Gesetz *wie oben, so unten* war die physische Realität.

Für Millionen Jahre erfüllte sich der Göttliche Plan, und die Erde kannte nur Vollkommenheit. Wir waren in ständiger Verbindung mit unserer »ICH BIN« Gott-Gegenwart und waren uns unserer Göttlichkeit bewußt. Es gab weder Disharmonie noch Negativität, da wir ja nur das »Schönste« aussandten, welches wiederum zurückkam. Dies war die Zeit des Garten Eden, das Paradies auf Erden. Es war der ursprüngliche Göttliche Plan für die Erde und Gottes Willen für alles Leben. Damit dies alles erhalten bliebe und wir auch das Geschenk des Freien Willens nicht mißbrauchen würden, gab Gott uns ein Gebot: »Eßt nicht vom Baum der Erkenntnis von Gut und Böse.«

Bis die Menschheit zu einem bestimmten Moment in der Erden-Evolution neugierig wurde. »Was bedeutet Gut und Böse?« Wie wir alle wissen, wir aßen den Apfel, denn wir hatten den *Freien Willen.* Nicht mehr im Einklang mit unserem Christ-Selbst und Gottes Willen, experimentierten wir auf disharmonische Art und Weise mit den schöpferischen Zentren des Denkens und Fühlens. Unser Gedanken-Körper formte Gedanken ohne die Führung des Christ-Selbst, der Gefühls-Körper setzte diese Gedanken in Gefühle um, die nicht vom Christ-Selbst ausgedrückt wurden, und der physische Körper manifestierte die Gedanken und Gefühle ohne Zustimmung des Christ-Selbst. Der ätherische Körper zeichnete diese verzerrten Gedanken- und Gefühls-Muster auf, und die Disharmonie zeigte sich in den Zellen und Organen des physischen Körpers. Die Gedanken, Gefühle, Worte und Handlungen reflektierten nicht mehr *nur* die Vollkommenheit Gottes.

So entstanden negative Energieströme. Zuerst machten diese Energieströme nicht viel aus. Da es damals wenig Disharmonie in der Erd-Atmosphäre gab, kam wenig zurück. Da die Energie eine disharmonische Schwingung hatte, konnte sie nicht durch unsere Herz-Zentren zurück zur Quelle, und verblieb somit in der Erd-Atmosphäre. Nach und nach sammelte sich immer mehr und mehr negative Energie an, und es entstand eine Art Schleier um die Erde. Auf der irdischen Ebene spiegelte sich dies als Verfall und Krankheit wider. Da auch unser Körper aus denselben Elementen besteht, erfuhren auch wir Altern und Degeneration. Als die negative Energie zur Menschheit zurückkehrte, fühlten wir zum ersten Mal Schmerzen und Mißbehagen. Das verwirrte uns, und wir erzeugten noch mehr negative Gedanken und Gefühle.

Da nun der zurückkehrende Energiestrom *verunreinigt* war und nicht mehr mit *Gottes Willen* vibrierte, konnte er nicht durch unser Herz-Zentrum zurück zu Gott. Nach dem Gesetz kann der Energiestrom nur zur Quelle zurück, wenn er in der gleichen Schwingung vibriert oder in einer noch höheren als der, mit der wir ihn empfangen haben. Da wir nicht wußten, wie wir diese negative Energie wieder reinigen und in Licht umwandeln konnten, war es ihr nicht möglich, den Rückweg zur Quelle anzutreten, so daß sie sich in der Erd-Atmosphäre ansammelte.

Das Heilige Christ-Selbst erkannte, daß unsere vier niederen Körper aus der Kontrolle gerieten. Anstatt den göttlichen Gedanken der »ICH BIN« Gegenwart zu gehorchen, drückten sich der Gedanken- und Gefühls-Körper in Gedanken und Gefühlen aus, die nicht Gottes Vollkommenheit beinhalteten. Da wir das Geschenk des *Freien Willens* erhalten hatten, konnte das Christ-Selbst nicht eingreifen. Als Gnadenakt des Lebens zog es Energie aus den vier niederen Körpern zurück, so daß wir nicht noch mehr Energie mißbrauchen konnten. Was zuvor eine große Säule aus Licht war, schrumpfte zusammen zu einer schmalen Schnur, die jetzt die *Silberschnur* genannt wird. Das Christ-Selbst, das früher die vier niederen Körper umgab, hatte dann die Größe von einigen Millimetern und wohnt in unserem Herzen.

Die vier niederen Körper hatten nun ihre eigenen Gedanken und Gefühle und glaubten, sie seien abgetrennte Identitäten. So entstand das Ego oder die menschliche Persönlichkeit. Das war der Anfang der Trennung von Gott. Das Ego übernahm die Herrschaft über die vier niederen Körper.

Der Schleier der Maya oder Illusion wurde dichter, und wir waren uns unserer *Einheit* mit Gott nicht mehr bewußt. Wir kamen dann auf die Erde zurück, um unsere angesammelte negative Energie aus dem vergangenen Leben wieder umzuwandeln, aber mit jedem Leben häufte sich mehr an. Es entstand ein *Schneeball-Effekt*, und dies resultierte dann im *Fall der Menschheit*. Wir waren in Dunkelheit versunken, und der ursprüngliche göttliche Plan ging unserem bewußten Verstand verloren. Häufiger kehrten wir zur Erde zurück, vergaßen jedoch immer wieder, warum wir hier sind. Die Erde wurde zum *dunklen Stern*.

Die vier niederen Körper wurden dichter und dichter, und die negative Energie durchdrang unsere Zellstruktur auf atomarer Ebene. Daraus entstanden Zerfall, Krankheit, Altern und Tod. Wir vergaßen unsere eigene Göttlichkeit und, daß wir Söhne und Töchter Gottes sind. Wir dachten, daß die physische Ebene die einzige Realität sei und der Körper und das Ego alles seien. Wir glaubten, daß Schmerzen und Leiden ein Teil von Gottes Plan seien. Statt dessen sind sie nur das Resultat des Mißbrauchs unserer Gedanken und Gefühle. Die meisten Menschen fühlen sich als Opfer, hoffnungslos und verzweifelt.

Im nachhinein erkennen wir, warum Gott uns das Gebot »Iß nicht vom Baum der Erkenntnis von Gut und Böse« gab. Unser Freier Wille, der uns von Gott gegeben wurde, durchdringt alle Ebenen der Erkenntnis. Gott wird diesen Freien Willen nicht antasten, gleichgültig, wie wir mit diesem Geschenk umgehen. Ohne die Erkenntnis des *Bösen* wären wir nicht verführt worden, das uns geschenkte Leben zu mißbrauchen. Aber da wir ja den Apfel gegessen haben, mußten wir die Auswirkungen voll kennenlernen.

Das sogenannte *Böse*, das wir auf Erden erfahren, ist eine Schwingungsfrequenz, die nicht in der Harmonie und im Gleichgewicht mit der Göttlichen Liebe vibriert. Gottes Licht-Elektronen schwingen jedoch ALLE in der Schwingung der VOLLKOMMENHEIT. Deswegen ist alles auf Erden, das nicht der Schwingung von Gottes Vollkommenheit und göttlicher Liebe entspricht, *menschliche Schöpfung* und *nicht im Einklang mit Gottes Willen.*

Gleichgewicht und Harmonie sind das Gesetz des Universums. Während der Evolution eines Planeten und dessen Bewohnern, ist jeder einzelne für die Verwendung eines jeden Licht-Elektrons verantwortlich. Damit ein Planet weiterhin das *Geschenk des Lebens* von Gott erhält, besagt das Kosmische Gesetz, daß jeder Lebensstrom auf diesem Planeten sein Geschenk des Lebens nutzen soll, um das *Licht* in der Welt zu verstärken und weiter auszudehnen, bevor es zu Gott zurückkehrt.

Wir strahlten jedoch nicht mehr das notwendige Licht aus, um im Gleichgewicht zu sein und waren eigentlich nicht mehr berechtigt, das *Geschenk des Lebens* zu empfangen. Die Dunkelheit auf der Erde hatte überhand genommen. So entschied Gott, daß das Licht zurückgezogen und alle Lebensformen aufgelöst werden sollten, zur Rückkehr in ursprüngliche, ungeformte Substanz. Diese Nachricht erreichte die Geistige Hierarchie, die der Erde selbstlos dient, und ein Hilferuf erschallte. Die Geistige Hierarchie bat um Göttliche Intervention, um den gefallenen Stern zu retten. Der Ruf wurde erhört und Kosmische Erlaubnis erteilt. Der Erde wurde ein bestimmter Zeitraum eingeräumt, um wieder ins Gleichgewicht zu kommen. Vom ganzen Universum und anderen Galaxien wurde uns Göttliche Liebe gesandt.

Avatare (Göttliche Inkarnationen, Seelen, die freiwillig zur Erde »hinunter kommen«, um der Menschheit zu helfen), wie Krishna, Buddha, Jesus Christus, kamen zur Erde, um uns geistige Lehren zu übermitteln, damit wir uns durch den Schleier der niederen Astral-Ebene, mit den Ebenen der Wahrheit verbinden konnten. Der 2000-Jahr-Zyklus des Fische-Zeitalters (6. Strahl Rubinrot – Gnade, Frieden, Heilung, Hingabe) brach an, und Jesus Christus offenbarte uns, daß wir Söhne und Töchter Gottes seien und daß wir über das Christus-Bewußtsein, welches unsere Trennung von Gott heilt, wieder zum Vater nach Hause zurückkehren können.

Jesus sagte uns: *Steht nicht in eurem Gesetz geschrieben: Ich habe gesagt: Ihr seid Götter.* (Johannes 10,34)

Ihr seid Götter und lauter Söhne des Höchsten. Psalm 82,6

Wahrlich, wahrlich ich sage euch: Wer an mich glaubt, wird auch selber die Werke tun, die ich tue, und noch größere als diese wird er tun. (Johannes 14,12)

Denn die vom Geiste Gottes geleitet werden, die sind Söhne Gottes. Eben dieser Geist bezeugt es unserem Geist, daß wir Kinder Gottes sind. Sind wir aber Kinder, dann auch Erben, Erben Gottes und Miterben Christi. (Römer 8,14/16)

Wenn ich Deinen Himmel schaue, das Werk Deiner Hände, den Mond und die Sterne, die Du befestigt hast: Was ist dann der Mensch, daß Du seiner gedenkst, das Menschenkind, daß Du seiner Dich annimmst? Nur wenig geringer als einen Gott hast Du ihn gemacht, mit Glanz und Herrlichkeit ihn gekrönt. Du gabst ihm Herrschaft über die Werke Deiner Hände, alles legtest Du ihm zu Füßen. (Psalm 8,4–6)

Christus vereinte sich durch seinen Sieg am Kreuz mit der Universalen Gegenwart Gottes »ICH BIN«, und seine Mission als Avatar für den 2000-Jahr-Zyklus des Fische-Zeitalters war erfüllt.

Da jedoch alles viel zu langsam ging und von der Menschheit nicht viel Hilfe zu erwarten war, ertönte ein zweiter Hilferuf von der Geistigen Hierarchie. Der Ruf wurde erhört, erleuchtete Seelen von anderen Galaxien waren bereit, sich freiwillig auf der Erde zu verkörpern. Der »Karmische Aufsichtsrat« gab die Erlaubnis. Viele Tausende von Seelen, die noch nie vorher auf der Erde waren, sind jetzt hier inkarniert und verteilen sich über den ganzen Globus, in jedem Land und in jeder Nationalität.

Wer jedoch auf der Erde inkarniert, unterliegt dem entsprechenden Gesetz des Planeten. Da nun auf der Erde sehr viel angesammelte Negativität existiert, wird jedem von uns bei der Geburt *das Band des Vergessens* umgelegt. Dieses Band verhindert den Rückblick in die Vergangenheit und ermöglicht es uns, uns auf die Gegenwart zu konzentrieren, *im Jetzt* zu sein. Bei *gewollten Rückblicken* könnte es geschehen, daß man in den alten Energien eines früheren Lebens, die ja im ätherischen Körper vorhanden sind, steckenbleibt und daß sich sogar eine Krankheit aus jenem Leben jetzt manifestiert.

Uns wird nun die Möglichkeit gegeben, Hunderte von vergangenen Leben mit der Violetten Umwandlungs-Flamme zu transformieren. (Siehe Seite 139, Umwandlung der Vergangenheit durch die Violette Flamme.)

Das Band des Vergessens ist ein Gnaden-Geschenk, denn wenn wir uns an alle Leiden und Schmerzen erinnern würden, könnten wir es nicht aushalten. Auch den erleuchteten Seelen, die jetzt inkarniert sind, wurde dieses Band umgelegt. Bewußt erinnern sie sich nicht, wer sie sind. Es gibt jedoch einige Anzeichen, an denen man sie erkennen kann. Sie haben eine tiefe Beziehung zu Gott und dem Göttlichen. Sie fühlen, daß sie etwas Wichtiges tun müssen, um der Menschheit und der Erde zu helfen. Sie wissen, daß die Zeit jetzt da ist, und daß sie ihr volles Potential erfüllen wollen. Sie erkennen, daß alles Leben miteinander verbunden ist und daß alles EINS ist. Sie wissen, daß wir im Prozeß großer Veränderungen sind und bewahren auch inmitten der Negativität die Hoffnung und ihren Enthusiasmus. Sie erkennen, daß sie multi-dimensionale Wesen sind und stellen zu den Ebenen des Lichtes über Gebet und Meditation die Verbindung her. Sie sind sich der Kraft des *Vereinten Bewußtseins* bewußt, organisieren und nehmen an globalen Aktivitäten für planetarische Heilung teil. Sie erfahren das Erwachen in sich selbst. Sie wissen, daß sie hier sind, um den Planeten durch Liebe zu befreien und die Menschheit und alles Leben zum Licht zurückzuführen.

Vielleicht spürst auch Du jetzt in Deinem Herzen die Wahrheit. Du weißt, es gibt keine Zufälle. Es ist jetzt an der Zeit, *Deinen Göttlichen Plan* zu erfüllen, zu erkennen, wer Du in Wahrheit bist und was Deine Aufgabe ist. Halte jedoch dieses Wissen in Deinem Herzen verborgen. Durch Dein Beispiel und Deine Ausstrahlung wirst Du Deine Aufgabe meistern. Die Egos müssen jetzt auf die Seite gestellt werden, damit wir unser höchstes Potential erfüllen können. Wichtig ist dabei, total auf dem Erdboden und *normal* zu bleiben.

Erinnere Dich an den Spruch der Propheten: »Ich bin hier, ich bin dort, aber nur an ihren Früchten werdet Ihr sie erkennen.« Unterscheidungskraft ist jetzt gefragt. Bitte Deine Gott-Gegenwart, Dir geistige Unterscheidungskraft zu geben, damit Du nur Informationen erhältst, die Deinem höchsten Wohl und dem der anderen Beteiligten dienen. *Sei still und wisse…*

Lausche der *inneren kleinen Stimme* Deiner Gott-Gegenwart in Deinem Herzen, so daß Du der Geistigen Hierarchie, den Meistern und Engeln, helfen kannst. Denn Gott braucht einen Körper, um seinen Plan auf der physischen Ebene durchzuführen. Das Kosmische Gesetz verlangt, daß die Energie, die von den himmlischen Ebenen ausströmt, durch Energie der Menschen (Körper) ins Gleichgewicht gebracht wird.

Über östliche Religionen erhielten wir die Lehren über Meditation. Während der Meditation bleiben wir auf der Erde verankert, die Seele jedoch kanalisiert das Licht in die dritte Dimension.

Jetzt ist die Zeit der großen Veränderung. Wir erhalten Hilfe aus Höchster Ebene, Erkenntnisse aus den Sphären der Erleuchteten Wahrheit. Um uns mit unserer Gott-Gegenwart wieder zu vereinen, müssen wir die männlichen und weiblichen Polaritäten in uns ins Gleichgewicht bringen, das heißt, Macht (männlich) sollte von Liebe (weiblich) regiert sein.

Das Wassermann-Zeitalter hat begonnen, und mit ihm strömt Licht in immer höher-schwingenden Frequenzen auf die Erde. Mit diesem Licht erwachen immer mehr Menschen im Bewußtsein. Die »ICH BIN« Gott-Gegenwart kehrt durch das Christus-Bewußtsein zur Erde zurück. Das Erwachen findet statt, durch die Aktivierung eines vor-codierten Auslösers, der in unsere zelluläre Erinnerungs-Datenbank eingegeben wurde. (Die Öffnung des Torweges am 11. Januar 1992 in Ägypten bei den großen Pyramiden hat diesen Auslöser aktiviert.)

Das Christus-Bewußtsein – Die Dreifältige Flamme

Der Gottesfunken, der in jedem menschlichen Herzen verankert ist, wird auch die *Ewige Siegreiche Dreifältige Flamme* genannt und ist die Gegenwart Gottes in Dir. Durch diese Flamme wird unser Herz animiert, und wir sind am Leben. Sie symbolisiert das göttliche Gleichgewicht von Liebe, Weisheit und Macht, in den Farben Rosa, Gold und Blau, sowie die Heilige Dreieinigkeit Vater, Sohn, Heiliger Geist.

Auf der linken Seite des Menschen lodert die Flamme Blau mit den Eigenschaften des Göttlichen Willens und der Macht, der männlichen Polarität Gottes. Sie beeinflußt unsere linke Gehirnhälfte, den logischen Verstand, sowie unser Macht-Zentrum, das Hals-Chakra, und dehnt sich durch unsere Hände aus, die die Handlungen in der Welt der Form vollbringen.

Die rosa Flamme auf der rechten Seite des Menschen pulsiert mit der Eigenschaft der Göttlichen Liebe, der weiblichen Polarität Gottes. Sie beeinflußt unsere rechte Gehirnhälfte, die Intuition und Weisheit, unser Herz und das Herz-Chakra. Die Hände sind die Verlängerung des Herzens, so daß auch die Liebe, besonders nach der *Reiki*-Einweihung, durch und aus den Händen strahlt.

Die gold-gelbe Flamme in der Mitte pulsiert mit den Eigenschaften der Weisheit und Erleuchtung, Sohn/Tochter Gottes, der Christus.

Wenn diese drei Eigenschaften in uns in vollkommenem Gleichgewicht sind, drücken wir die Harmonie des Christus-Bewußtseins aus, das Liebe und Vollkommenheit in unserem Leben erschafft.

Damit wir unser höchstes Potential ausdrücken können, müssen die beiden Gehirnhälften *Macht* und *Liebe* in vollkommenem Gleichgewicht sein. Dadurch werden die Hypophyse und die Epiphyse aktiviert, die dann das Kronen-Chakra, das Zentrum der Weisheit und Erleuchtung, *das Christus-Bewußtsein*, erwecken.

Die Dreifältige Flamme ist das Tor zur Glückseligkeit und zum Ewigen Licht in uns und die Quelle für den göttlichen Segen für die Menschheit und die Erde. »Das Königreich ist in Dir«. Sie ist die Verbindung zu unserer »ICH BIN« Gott-Gegenwart, dem Heiligen Christ-Selbst und *ist* das Christus-Bewußtsein.

Die blaue Flamme stattet Dich mit der Göttlichen Macht aus, so daß Du Deine Werke in Seinem Namen tun kannst. Die gold-gelbe Flamme erleuchtet Dein Bewußtsein, so daß Du die Macht weise gebrauchst. Die rosa Flamme führt und lenkt die erleuchtete Macht durch Liebe und zum Segen allen Lebens. Wenn Herz – Liebe, Kopf – Weisheit und Hand – Macht im Gleichgewicht sind, werden unsere schöpferischen Fähigkeiten des Denkens und Fühlens im Einklang mit Gottes Willen sein und der Göttliche Plan wird sich auf Erden erfüllen.

Wenn wir diese Flamme bewußt in uns erkennen und sie durch unsere Gedanken (Bewußtsein), unser Gefühl und durch Visualisation aktivieren, beginnt sie sich zu vergrößern und auszudehnen. Die Lichtstrahlen werden Dich und Dein elektromagnetisches Feld erfüllen und aus Dir in Dein Umfeld strahlen. Durch den Heiligen Atem nehmen wir beim Einatmen die Göttliche Liebe der Flamme auf. Wir vergrößern sie und dehnen sie aus. Beim Ausatmen strahlen wir diese Liebe und den Segen der »ICH BIN« Gott-Gegenwart in alles Leben um uns herum aus. (Siehe auch Kassette »Visualisieren der 12 Sonnen-Chakra Strahlen« auf Seite 171). Diese Strahlen aus Licht verbinden sich untereinander. Wenn nun viele Menschen die göttliche Natur ihrer Dreifältigen Flamme ausdrücken, sind alle durch die Lichtstrahlen verbunden, so daß ein großer *Licht-Teppich* entsteht.

Durch die pulsierende, spiralenförmig-kreisende Bewegung der Flammen vermischen sich die Farben und es entsteht die Farbe Violett, die *Violette Flamme* der Umwandlung, Vergebung und Freiheit – der siebte Strahl, einflußreichster Strahl dieses Zeitalters. Die Tätigkeit der Flammen findet in der vierdimensionalen Ebene statt. Wo und was ist die vierte Dimension? Dazu brauchst Du die Erde nicht zu verlassen, denn die vierte Dimension ist direkt hier in Dir, der *innere Raum* und der Raum um Dich herum. Und diesen *leeren Raum* können wir mit dem Christus-Bewußtsein füllen. Wie können wir nun das Konzept von dem Christus-Bewußtsein und der vierten Dimension verstehen? Es gibt ein wissenschaftliches Konzept in der Physik, das diesen Dingen zugrunde liegt, so daß wir sie besser verstehen können. Hierzu einige Erklärungen bezüglich der Natur des Lichtes und der Materie im atomaren Reich.

Ein fester Stoff, beispielsweise ein Stück Holz, wird wissenschaftlich untersucht, und man stellt fest, daß er aus Atomen besteht. Er ist aufgebaut nach der atomaren Struktur des Holzes und erfüllt jede Richtung der drei Dimensionen. Was sind die drei Dimensionen? Die erste Dimension ist ein-dimensional – ein Punkt. Wenn etwas zweidimensional ist, ist es eine Linie, sie hat Länge. Bei der dritten Dimension kommt noch die Breite und Höhe hinzu. Die drei-dimensionale Welt hat also Länge, Breite und Höhe. Dies ergibt einen Würfel oder Raum. Durch die Atome entsteht die drei-dimensionale Welt. Wir sind nur Atome hier auf der physischen Ebene. Ein Atom hat einen Kern, und um ihn herum schwingen die Elektronen, wobei sie sehr weit entfernt vom Kern sein können. Das Atom ist also *Raum*. Diesen Raum zu füllen, ist die Aufgabe der vierten Dimension auf dieser Ebene hier. Die vierte Dimension geht *nach innen*. Es gibt Länge, Breite und Höhe in den ersten drei Dimensionen, und dies ergibt Raum. Womit füllen wir nun den leeren Raum? Mit Christus-Bewußtsein und Licht. Deswegen gibt es jetzt auch die Lehre der Meditation, um nach innen zu gehen.

Zu diesem Thema nachfolgend ein Auszug aus Heft Nr. 1/1993 der Group Avatar, Tucson, Arizona, USA. Es ist den Wissenschaftlern bereits bekannt und wird ergänzt durch Bemerkungen, wie dieses Wissen in Beziehung zu den Aufgestiegenen Meister-Lehren steht.

»Bedenke das Folgende:

1. Die Hauptbausteine des physischen Universums sind die Atome. Sie haben einen Kern (ähnlich unserer Sonne, die Strahlung und eine Art Schwerkraft abgibt) und Elektronen (ähnlich den Planeten, die um den Kern in ihrer Umlaufbahn kreisen). Diese Atome sind wie Bausteine gestapelt, wenn sie Moleküle, Zellen, Organe und Körper und allen Stoff im physischen Universum bilden. Wenn ihr dies in eurer Vorstellung visualisiert, werdet ihr erkennen, daß der größte Teil des physischen Universums *Raum* ist. Denn wenn ein

Atom beispielsweise so groß wie ein Zimmer ist, wird der Kern nur einen sehr kleinen Punkt in dessen Zentrum ausmachen, und die Elektronen würden, jedes in der Größe eines Stecknadelkopfes, im Zimmer umherkreisen. Der größte Teil des Zimmers würde leer erscheinen oder Raum sein, der darauf wartet, gefüllt zu werden. Solcherart ist die Natur der Atome und der atomaren/physischen Welt. Dieser innere Raum spiegelt einfach den äußeren Raum wider, wie wir ihn bei unseren Planeten und Sternen sehen. Dieser innere Raum enthält die Energiebande und Lichtwellen zwischen dem Kern und den Elektronen. Er ist die vierte Dimension im physischen Reich, wenn er mit Licht erfüllt ist! Die Tätigkeit des Gottes-Lichtes im physischen Reich findet in diesem inneren Raum statt und wirkt auf die Energiebande im Atom (auf sub-atomare Teilchen) und zwischen Atomen (wenn sie sich verbinden, um Materie zu formen). Diese Tätigkeit entscheidet, wie sich das physische Universum tatsächlich manifestiert.

2. Die Elektronen um den Kern werden in einer Umlaufbahn gehalten und haben eine *elektro-magnetische Drehung* = Spin. Alles dieses hängt von der geistigen Schwingung der Atome ab und wird ihre Manifestation bestimmen. Ein Wasser-Molekül beispielsweise hat immer genau die gleichen Kerne und die gleichen Elektronen im Umlauf, trotzdem kann das Wasser in einem festen (Eis), einem flüssigen (Wasser) oder einem gasförmigen (Dampf) Zustand existieren, je nachdem, wieviel Energie (in diesem Fall Hitze) zwischen den Molekülen ist. Diese gleiche wissenschaftliche Wahrheit kann auf die Substanz unserer vier Körper angewendet werden, nur mit dem Unterschied, daß wir nicht durch Hitze in unserer Substanz transformiert werden, sondern durch die Energie im Heiligen Feuer.

Unsere vier Körper könnten in verschiedenen Ebenen existieren, entsprechend der Veränderung der Schwingung der Energie innerhalb und zwischen unseren eigenen Atomen. Hierin liegt die Tätigkeit der Sonnenscheibe und die Anwendung des Heiligen Feuers in unserer atomaren Struktur (siehe Titelbild des Buches). Das Leben innerhalb der Sonnenscheibe übermittelt eine ständige Verwendung dieser Sonnen-Energie. Dies geschieht in vollkommener Ausgewogenheit, denn jeder von uns benötigt eine einzigartige Heilung, um langsam die Energie-Ebenen aus der dichten Materie in den höchst glorreichen, elektronischen Lichtkörper zu erhöhen. Genauso, wie man Hitze auf Eis anwenden, es schmelzen und dann langsam das aus ihm gewordene Wasser kochen kann, bis die Moleküle nicht länger von der Schwerkraft festgehalten werden, sondern als Wasserdampf entweichen, so können wir ständig über dem Schleier der Maya *schweben*, in einem Reich grenzenloser physischer Vollkommenheit, während wir unser alltägliches Leben führen.

Die Aufgestiegenen Meister sagen uns, daß diese vollkommene Erde immer als das Heim Christi im Reich Ewigen Lichtes bestand. Die Erde, wie sie die Masse der Menschheit allgemein akzeptiert, besteht auch auf niederen Schwingungs-Ebenen. Wir können dies durch unsere Wahl manifestieren, wenn wir die wissenschaftliche Grundlage der Sonnenscheibe und die Tätigkeit des Heiligen Feuers auf die Natur der Atome in der physischen Ebene verstehen.

3. Wissenschaftler wissen, daß das Elektron gleichzeitig auf verschiedenen Ebenen existieren kann und einfach auf der Ebene »erscheint« oder sich manifestiert, wo ein intelligentes Bewußtsein seine Aufmerksamkeit hinwendet. Zum Beispiel können Wissenschaftler aus den USA jetzt ein einzelnes Elektron durch die Entwicklung des von ihnen gebauten linearen Beschleunigers isolieren. Sie versuchen dann, die Natur des Elektrons in jenem Kraftfeld vorherzusagen oder fragen: ›Wo und wie wird das Elektron erscheinen?‹ Bei diesen Versuchen kam heraus, daß das Elektron dort erschien, wo der Beobachter nach ihm suchte! (Wo er ›dachte‹, daß es sein würde!). Dies ist das gleiche Gesetz, wie es von den Aufgestiegenen Meister gelehrt wird: ›Wo Deine Aufmerksamkeit ist, dorthin fließt Deine Energie. Worauf Du Deine Aufmerksamkeit richtest, zu dem wirst Du. Was Du denkst und fühlst, bringst Du in die Form.‹ Seitdem die Wissenschaftler wissen, daß das Elektron fähig ist, gleichzeitig auf unterschiedlichen Schwingungs-Ebenen zu existieren, sollten wir uns fragen, warum ist dies nicht auch uns, der Erde oder dem Sonnen-System möglich? Dies wird Dir die Wahrheit der Affirmation beweisen, die die Licht-Dienenden seit vielen Jahren machen: »ICH BIN« hier, »ICH BIN« dort, »ICH BIN« an jedem Ort in meinem Dienst für das Licht. ... »ICH BIN« ein multidimensionales Licht-Wesen, und

ich beanspruche die Geistige Freiheit, dort zu dienen, wo immer ich gebraucht werde.« Wenn du denkst und fühlst »ICH BIN«, dann haben Deine Elektronen (in diesem Moment) die Schwingung der »ICH BIN« Ebene des Seins. Dann wirst Du buchstäblich nach eigener Wahl Deine »ICH BIN« Gegenwart und bist geistig frei. Wir haben jedoch viele Verkörperungen mit *schlechten Gewohnheiten* hinter uns, in denen wir unsere Körper nur als dichtes Fleisch ansahen, verwundbar gegenüber Krankheit und Leid. Wir müssen neue Gewohnheiten annehmen, wie wir über uns selbst denken und fühlen. Hier nun wird die Wissenschaft vorgestellt, warum sich Deine Bemühungen auszahlen werden.

4. Photonen sind »Teilchen« innerhalb des Lichtes. Zwei Photonen aus der gleichen Licht-Quelle (wie auch unser aller Wesen aus der gleichen Licht-Quelle stammt) sind so wesentlich vereinigt, daß, wenn Wissenschaftler die »Energie« des einen Photons verändern, sich das andere sofort mit verändert, egal wie weit sie voneinander entfernt sind (auch durch das Universum). Dies beweist, daß das Licht den *Raum* nicht als Begrenzung seiner Einheit ansieht. Die Menschheit stammt aus einer Lichtquelle, unserem Vater-Mutter-Gott, und ist beteiligt an dieser gleichen kosmischen Einheit.

5. Wissenschaftler können jetzt demonstrieren, daß Elektronen sowohl als *Welle* als auch als *Teilchen* existieren und *beides gleichzeitig*. Das Elektron ist die Essenz, aus der alle physische Materie besteht. Bedenke deshalb, daß jeder Aspekt Deines Wesens als ein Muster aus Lichtwellen (wie bei den Engeln) oder als Energie-Teilchen und Materie (auf der physischen Ebene) bestehen könnte, ... oder als beides, indem Du wählst, wie Du Deine geistige Freiheit in jedem gegebenen Augenblick manifestieren möchtest.« (Ende des Auszuges)

Es hängt also von jedem einzelnen von uns ab, wie er/sie die Elektronen *beeinflußt*, welche Schwingung sie erhalten, denn sie werden von unserem Bewußtsein (Denken und Gefühl) bestimmt. Und hierfür trägt jeder selbst die Verantwortung. Ein Elektron in unserem physischen Körper kann sich als Elektron in unserem Lichtkörper oder als ein Elektron in der flammenden Gegenwart der Zentral-Sonne erkennen. Dieselbe Substanz – aber eine andere Schwingung. Wo und auf welcher Ebene und mit welcher Energie sich das Elektron manifestiert, hängt vom Bewußtsein des Beobachters ab.

Was Du denkst und fühlst, bringst Du in eine Form!
Wo Deine Aufmerksamkeit ist, dorthin fließt Deine Energie.
Worauf Du Deine Aufmerksamkeit richtest, das wirst Du.

Dies ist ein Universales Gesetz, und es bezieht sich auf die physische Ebene.

Stellst Du durch Dein Bewußtsein die Verbindung zu Deiner Dreifältigen Flamme her – der *Christus-Gegenwart in Dir* –, wirst Du zu dieser Gegenwart. Stell Dir jetzt mit geöffneten Augen die Dreifältige Flamme in Deinem Herzen vor (sieh Dir das Titelbild des Buches an), und atme tief in Deine Herzensflamme, so daß sie hell auflodert und sich vergrößert, bis Du selbst innerhalb dieser Flamme stehst und sie Deinen physischen Körper von unterhalb der Füße bis über den Kopf sowie Deine feinstofflichen Körper einhüllt. Visualisiere dies jetzt mit geöffneten Augen. Die meiste Zeit haben wir ja die Augen geöffnet. Wenn Du dies jetzt mit geöffneten Augen siehst, wirst Du es immer sehen, wo Du gehst und stehst. Halte diese Vorstellung, während Du Deiner täglichen Arbeit nachgehst, sei immer in Deiner Dreifältigen Flamme. Diese Energie ist die Schwingung des Christus-Bewußtseins. Sie wird Dich führen und leiten in *Deinem Lichtkörper hier auf Erden*.

Es ist der Sinn und Zweck unseres Lebens, das Christus-Bewußtsein zu leben und somit den Göttlichen Plan der Vollkommenheit auf der physischen Ebene zu manifestieren.

Alles besteht aus Lichtwellen und aus göttlichen Energie-Teilchen in unterschiedlichen Schwingungsfrequenzen. Wenn Du die Gedanken und die Motive der Christus-Schwingung in Deinem Bewußtsein erhältst, kannst Du die Energiebande innerhalb Deiner atomaren Struktur auf der Ebene der grenzenlosen physischen Vollkommenheit und der unzerstörbaren Gesundheit manifestieren.

Mache Dir ein *neues Bild von Gott*. Es ist nicht der bärtige, weißhaarige Herr, der strafend auf uns herabblickt. GOTT IST LICHT und ist ALLUMFASSEND, ALLMÄCHTIG, ALL-LIEBEND, ALLGEGENWÄRTIG.

Auszug aus Heft 1/93 von Group Avatar, USA:

»GOTT IST WIE EINE LICHTQUELLE. Diese kosmische Lichtwelle umgibt und durchströmt uns und unseren Planeten. Diese elektronische Welle von kosmischer Energie, Schwingung und Bewußtsein erfüllt den Raum der dritten Dimension mit der vier-dimensionalen heiligen Substanz Gottes. Die drei-dimensionale Welt ist nur die Bühne, auf der sich das Leben abspielt, aber nicht die Lebensfülle selbst. Sie ist wie ein Behälter, der durch die drei Dimensionen Länge, Breite und Höhe definiert wird. Sie muß mit etwas gefüllt werden, das ihr Leben gibt. Die vierte Dimension ist dieser ›innere Raum‹, mitten in der physischen Ebene. Du brauchst nirgendwo hinzugehen, um die vierte Dimension zu finden. Sie ist buchstäblich in Dir und um Dich herum!

Die Menschheit hat zwei Möglichkeiten, diesen inneren Raum zu füllen, entweder mit reinem Gottes-Licht von der Sonne, das zum Himmel auf Erden führt, oder mit entliehener, miß-qualifizierter Energie der menschlichen Egos, die mit Krankheit und Leid endet. Dieses Jahr wird, wie in der *Gedankenform* beschrieben, der Elektronengürtel kosmischer Harmonie jeden Menschen spürbar einhüllen. Jeder wird eine deutliche Mahnung erhalten, eine Wahl zu treffen, um seinen drei-dimensionalen Raum zu füllen. Der Raum zwischen den Atomkernen und Elektronen ist der Raum der grenzenlosen physischen Vollkommenheit, wenn Du Dich entscheidest, ihn mit Göttlicher Energie, Schwingung und Bewußtsein zu füllen. Meditiere darüber. Wenn Du den Raum mit dem menschlichen Ego erfüllst, wird er zu einem Ort von Leid, Krankheit, Begrenzung, Mangel und schließlich Tod. Wenn Du erwählst, ihn nur mit der Energie, der Schwingung und dem Bewußtsein Deiner eigenen Dreifältigen Flamme zu füllen, werden Deine Körper nicht nur absolute, unzerstörbare Gesundheit, Frieden und Reichtum ausdrücken, sondern auch die außergewöhnliche Freude des Kosmischen Wesens Deiner »ICH BIN« Gegenwart, Deines Kausal-Körpers und Deines herrlichen Weißen Feuerwesens innerhalb der Großen Zentral-Sonne. Denke an die Möglichkeit der himmlischen Erfahrung, die sich bald in Deinem Leben entfalten wird. Gottes Macht auf allen Ebenen.«

Erfülle Deinen inneren Raum und den des Planeten mit göttlichem Bewußtsein und *lebe es*. Dann wird der innere Raum der Menschheit und des Planeten von den Sonnen-Eigenschaften der 12 Strahlen erfüllt sein, wodurch die Ursache entsteht, die einen *geistig freien Planeten* bildlich darstellt.

Die Kraft der Gedanken – Geist über Materie

Du bist, was Du denkst und fühlst –
Du siehst, was Du denkst und fühlst –
Du erschaffst, was Du denkst und fühlst –

Die größte Kraft, die wir haben, liegt in unseren Gedanken und Gefühlen. Diese können harmonisch und schöpferisch, aber auch disharmonisch und zerstörerisch sein! Alles, was Du denkst und fühlst, alles, worauf Du Deine Aufmerksamkeit richtest, erhält Energie. Dadurch werden Gedanken und Gefühle Wirklichkeit, nehmen Gestalt an, werden zur Form und kehren nach dem Gesetz des Kreislaufs (siehe 6. Universales Gesetz Seite 125) wieder zurück.

Etwa 60000 Gedanken denken wir täglich. Seit Äonen haben wir viele negative Gedanken gehabt und sehen das Resultat heute auf unserer Welt, denn der Gedanke formt das Atom, die Anzahl der Elektronen und die entsprechende Schwungkraft oder Geschwindigkeit. Das Gefühl bestimmt die Geschwindigkeit, und die Liebe die Drehkraft des Atomkerns. Wenn ich also Liebe fühle, tanzen und freuen sich die Elektronen, und ich selbst fühle inneren Jubel. Auf jeder Ebene kommen nur Energie, Schwingung und Bewußtsein zum Ausdruck. Nach Prof. Einstein besteht alles aus Schwingung, Licht ist Schwingung. Gott ist Licht. Alles im Universum schwingt in einer bestimmten Geschwindigkeit. Was wir als feste Materie ansehen, hat eigentlich nur eine niedrigere Schwingungs-Geschwindigkeit. Geist und Materie sind von der gleichen Substanz, haben jedoch unterschiedliche Schwingungsgeschwindigkeiten. Materie ist die verfestigte Form des Geistes. Je nach Geschwindigkeit wird sich die Geist-Energie formen. Das Molekül des Wassers zum Beispiel kann auf verschiedenen Ebenen Dampf, Wasser oder Eis sein. (Den Unterschied macht nur die Temperatur aus.) Um bei diesem

Vergleich zu bleiben, ist auch der menschliche Körper verfestigte (manifestierte) Licht-Substanz, ähnlich wie Eis (gefrorenes Wasser). Habe ich den Gedanken »ICH BIN LICHT«, dann bin ich es, und mein Energiefeld wird von Licht erfüllt sein. Meine Gedanken und Gefühle erschaffen das, was ich denke und fühle. Wenn ich also meine Gedanken und Glaubenssysteme ändere, verändert sich auch die Manifestation, das Äußere, Sichtbare. Es ist ähnlich wie bei einem Computer. Das, was Du hineingibst, kommt gedruckt heraus!

Die elektronische Licht-Substanz wird Deinen gedanklichen Befehl ausführen und das formen oder gestalten, was Du denkst, fühlst, sagst oder tust. Je mehr Gefühl du in etwas hineingibst, je intensiver Du an etwas denkst, um so schneller wird es Gestalt annehmen. Es liegt bei Dir, womit Du den inneren Raum der vierten Dimension füllen möchtest. Du hast die Wahl, entweder zur Heilung, Vollkommenheit und zur Verbreitung des göttlichen Lichtes auf der Erde zu wirken oder die Dunkelheit zu verstärken. Wenn Du negative Emotionen, Gedanken, Worte und Taten zuläßt, trägt dies zur Dunkelheit bei. Am Anfang des Bewußtwerdens geschieht dies vielleicht noch öfters. Wenn Du Dich jedoch selbst dabei ertappst, daß Du gerade mal wieder negativ gedacht oder reagiert hast, kannst Du es sofort mit der Anrufung der Violetten Flamme reinigen und umwandeln. (Siehe *Praktische Übungen* S. 139) Selbst-Meisterschaft bedeutet »nicht mehr einfach so alles geschehen lassen«, sondern verantwortlich mit der elektronischen Licht-Substanz umzugehen, das heißt unsere Gedanken und Gefühle zu beherrschen. Wenn wir selbst in der Harmonie sind, wird sie konstruktiv mit positiven Resultaten für uns tätig sein. Wir sind *Mit-Schöpfer* Gottes, und durch die Verbindung mit unserem Göttlichen Selbst in uns werden wir über Gedanken und Gefühle die Vollkommenheit Gottes auf der physischen Ebene zum Ausdruck bringen und den Himmel auf Erden schaffen.

Nur die Geisteskraft in uns kann erschaffen oder kreativ sein, nicht der Körper. Wenn wir das erkennen, haben wir viel gewonnen, denn dann können wir wirklich das erschaffen, was Gottes Vollkommenheit entspricht.

Das Wesen des Atoms

Unser Körper besteht aus Zellen, Molekülen, Atomen und Elektronen. Das Atom ist das kleinste Teilchen eines chemischen Elements. Es hat einen Kern, der Protonen und Neutronen enthält. Der Atom-Kern ist umgeben von kreisenden, schwingenden Elektronen. Alles ist *Schwingung*! Das Atom ist hauptsächlich *Raum*. Was wie feste Materie aussieht, ist in Wirklichkeit schwingende Geist-Substanz. Die Kraft, die hinter allem steht und alles zusammenhält, ist der Geist Gottes, die Liebe. Das Atom wurde durch den Willen und die Liebe Gottes erschaffen. Die Materie entstand also nicht direkt durch das Atom, sondern allein durch den Geist Gottes. Und dieser Geist ist in *allem* enthalten, das heißt, alles hat Bewußtsein.

In dem Buch *Enthüllte Geheimnisse* von Godfré Ray King, Band I, erklärt der Aufgestiegene Meister St. Germain das Atom aus geistiger Sicht:

»Die Großen unwandelbaren Gebote, die in alle Ewigkeit das Unendliche Reich gestalteten Lebens in Ordnung halten, gründen sich alle auf das ›Eine Große Prinzip der Schöpfung‹ – *Liebe*. Sie ist das Herz, der Quell des Alls, der wahre Mittelpunkt, von dem aus alles Dasein der Formen beginnt.

In Eurer wissenschaftlichen Welt zeigt sich die Liebe als die (geistige) Anziehungskraft zwischen den Elektronen. Sie ist Einklang, Harmonie, und wäre sie nicht beim Werden einer Form zugegen, so könnte diese Form niemals ins Dasein kommen. Liebe ist die vereinigende, zusammenhaltende Kraft (Kohäsion) des Weltalls, und dieses könnte ohne sie niemals bestehen.

Liebe ist die leitende Intelligenz, die die Elektronen durch Willenskraft in eine Form zur Gestaltung zwingt; die Energie, die bewirkt, daß die Elektronen um ihren Atom-Kern wirbeln, und sie ist der Atem innerhalb des Kerns, der das Ganze zusammenhält. Dies gilt für jeden Kraftwirbel überall in der ganzen Schöpfung.

Ein Kern mit ihn umwirbelnden Elektronen bildet ein Atom. Dieser Kern von Liebe ist für das Atom, was der magnetische Pol für die Erde und was das Rückgrat für den menschlichen Körper ist. Ohne Kern, ohne Herz-Mittelpunkt, gibt es nur das ungeformte Universale

Licht, die Elektronen, die die Unendlichkeit erfüllen und um die Große Zentral-Sonne wirbeln.

Das Elektron ist reiner Geist oder *Licht Gottes*. Es bleibt immerdar rein und vollkommen. Es ist in alle Ewigkeit sich-selbsterhaltend, unzerstörbar, selbstleuchtend und intelligent. Wäre dies nicht so, so könnte und würde es nicht dem Gesetz der lenkenden Tätigkeit der Liebe gehorchen. Es ist unsterbliche, ewig-reine, intelligente Licht-Energie und der einzige wirkliche, wahrhafte Stoff, die ewig vollkommene *Lebens-Essenz Gottes*, aus der alles, jedes Ding im Weltall gemacht ist.

Aller Raum zwischen den Sternen ist erfüllt von dieser reinen *Licht-Essenz*. Er ist nicht finster und ist kein Chaos, wie die unkundige, begrenzte Vorstellung des winzigen, menschlichen Intellektes es meint. Dies große Meer universalen Lichtes, das überall die Unendlichkeit erfüllt, wird in winzigen Teilen immer wieder zur Form verdichtet, die diese oder jene Eigenschaft bekommt, je nach der Art und Weise, wie die Elektronen durch Liebe um einen Kern oder Mittelpunkt festgehalten werden.

Die Zahl der Elektronen, die sich in einem bestimmten Atom verbinden, ist das Ergebnis *bewußten Denkens* und wird durch dieses Denken bestimmt. Die Geschwindigkeit, mit der die Elektronen um ihren Kern wirbeln, ist das Ergebnis des *Fühlens* und wird durch das Fühlen bestimmt. Die Stärke der anziehenden und wirbelnden Bewegung innerhalb des Kerns ist der *Atem Gottes* und daher die verdichtetste (konzentrierteste) Tätigkeit göttlicher Liebe. In der Fachsprache der Wissenschaft würde sie die zentripetale (nach dem Mittelpunkt strebende) Kraft genannt. Dies sind die entscheidenden Faktoren, die die Eigenschaften eines Atoms bestimmen.

So ist denn das Atom eine Wesenheit, ein lebendiges, atmendes Ding, erschaffen oder ins Dasein gebracht durch den Atem, die Liebe Gottes, durch den Willen ihrer Selbst-Bewußten Intelligenz. Dies ist gemeint mit dem Ausdruck: ›Das Wort wird Fleisch‹. Der Mechanismus, den die Selbst-Bewußte Intelligenz benutzt, um diese Gestaltung (Manifestation) ihres Seins zu erreichen, heißt: ›Denken und Fühlen‹.

Zerstörerische Gedanken und mißklingende Gefühle ordnen innerhalb des Atoms das Verhältnis und die Geschwindigkeit der Elektronen um, so daß die Dauer des Atems Gottes innerhalb des Pols sich ändert. Die Dauer des Atems Gottes wird bestimmt durch den Willen des Bewußtseins, daß diese besondere Art Atom verwendet. Wird jener bewußte Lenkende Wille zurückgezogen, so verlieren die Elektronen ihre Polarität und fliegen auseinander, indem sie ihren Weg zurück zu der Großen Zentral-Sonne suchen, um sich dort neu zu polarisieren. Dort empfangen sie nichts als Liebe, der Atem Gottes endet nie; und Ordnung, das Erste Gesetz, wird in Ewigkeit erhalten.

Aufbauende Gedanken und harmonische Gefühle in einem menschlichen Geist oder Körper sind Tätigkeiten der Liebe und Ordnung. Diese ermöglichen dem vollkommenen Verhältnis und der richtigen Geschwindigkeit der Elektronen innerhalb des Atoms dauernd gleich zu bleiben. Dadurch verharren sie richtig polarisiert an ihrem besonderen Ort im Weltall, solange die Dauer des Atems Gottes innerhalb ihres Kerns durch den Willen der Lenkenden, Selbst-Bewußten Intelligenz festgehalten wird, die den Körper benutzt, in dem die Atome vorhanden sind. Somit untersteht die Eigenschaft der Vollkommenheit und die Erhaltung des Lebens in einem menschlichen Körper immer der bewußten Herrschaft des Willens des Individuums, das den Körper bewohnt. Sein Wille steht hoch über seinem Tempel, selbst bei Unfällen verläßt keiner seinen Körper-Tempel, ohne daß er es will. Sehr oft beeinflussen Schmerzen im Körper, Furcht, Ungewißheit und viele andere Dinge die Persönlichkeit, ihre Entscheidungen, die sie in der Vergangenheit getroffen hat, zu ändern. Doch alles, was mit dem Körper geschieht, untersteht in jedem Fall der Herrschaft des *Freien Willens* des Einzelwesens.

Wer nun das Wesen des Elektrons versteht, wer zudem erfaßt hat, in welcher Art das Einzelwesen durch seine Gedanken und Gefühle das atomare Gefüge seines eigenen Körpers bewußt beherrscht, der versteht das *eine* Prinzip, das durch alle Unendlichkeit die Form, die Gestaltung regiert. Nimmt sich der Mensch einmal die Mühe, diese Tatsache sich selbst und innerhalb seines eigenen atomaren physischen Körpers zu beweisen, so wird er lernen, sich zu bemeistern. Hat er dies Ziel erreicht, so wird alles andere im Weltall ihm zum willigen Mitarbeiter, der ihm vollbringen hilft, was immer er aus Liebe will.« (Ende des Auszugs)

Jeder Mensch ist also selbst verantwortlich und hat die Kraft in sich, durch sein Denken und Fühlen Vollkommenheit in seinem Körper und seiner Welt zu erschaffen. (Weitere Erklärungen, wie sich Atome und Elektronen verhalten, stehen im Kapitel *Das Christus-Bewußtsein* auf Seite 46.)

Heilung und Heilsein

Was bedeutet eigentlich *Heilung* und *Heilsein*? In dem Wort *Heilig*, und in unserem *Heiligen Christ-Selbst* liegt das Heil und Heilsein. Denn wenn wir dieses Christ-Selbst zum Ausdruck bringen, wird der Körper, beziehungsweise die vier niederen Körper, die Vollkommenheit der göttlichen Ebene widerspiegeln. Der Körper reflektiert unsere Gedanken und Glaubenssysteme. Viele sind anerzogen und spiegeln das Massen-Bewußtsein wider, so daß wir alle programmiert sind, ohne daß wir es merken. Ein Sohn denkt vielleicht: Mein Vater hatte mit 60 einen Herz-Infarkt und starb, das könnte auch bei mir der Fall sein. Und es geschieht dann tatsächlich, denn der Mensch war vorprogrammiert. Ein anderes Beispiel: Bei Tierversuchen in USA wurde in der Mitte eines Fisch-Bassins eine durchsichtige Plastikwand aufgebaut. Die Fische schwammen auf jeder Seite bis zur Plastikwand und wieder zurück. Nach einigen Tagen wurde die Plastikwand entfernt. Die Fische schwammen nur bis zur Mitte und kehrten da, wo die Wand vorher war, wieder um und schwammen nur in ihrem Teil des Bassins. Vorprogrammiert!

Früher glaubte man, daß es sieben Jahre dauert, bis die Körperzellen erneuert sind. Neue wissenschaftliche Forschungen in USA (radioaktive Isotop-Studien) zeigen jedoch, daß wir innerhalb eines Jahres einen neuen Körper haben, denn 98% der alten Zellen werden durch neue innerhalb dieser Zeit ersetzt. Täglich entstehen Millionen von neuen Zellen in unserem Körper. Diese erschaffen neue Organe. Zum Beispiel wird in sechs Wochen eine neue Leber »gebaut« oder neue Haut in vier Wochen, neue Knochen innerhalb von drei Monaten. Wir haben jedoch die gleichen Gehirnzellen während des ganzen Lebens, denn wir können uns viele Jahre zurück erinnern. Die *neuen Zellen* verwirklichen daher unsere *alte Programmierung* und erschaffen den *alten Zustand*, das heißt, wenn die Leber vorher krank war und wir es immer noch *glauben*, ist sie wieder krank. *Wir sehen, was wir glauben*! Wir können also die neuen Zellen neu programmieren, indem wir unsere Gedanken und Gefühle bewußt ändern. Liebe, Freude, Frohsinn und Heiterkeit sind dazu die wichtigsten *Zutaten*.

Der Denkende Körper und das Immun-System

Während des *sechsten Welt-Kongresses über Erleuchtung* im Jahr 1992 in Tucson, Arizona, USA, an dem ich teilnahm, wurde ein Vortrag von Dr. Sheldon C. Deal gehalten, von dem ich, mit seiner Erlaubnis, einiges hier wiedergeben möchte.

Nach letzten Forschungen in USA, wurde folgendes entdeckt: Wenn eine Gehirnzelle mit einer anderen kommunizieren will, stellt sie eine chemische Substanz her: ein Neuropeptid. Diese Neuropeptide wurden unter einem Elektronenmikroskop identifiziert. Sie befestigen sich an einem »Rezeptor« = »Empfänger-System« bei einer anderen Zelle, und es paßt in diese, wie ein Schlüssel in ein Schloß. Wenn dies geschieht, ist die Information übermittelt. So spricht eine Zelle mit der anderen. Diese Empfänger-Systeme sind kodiert. Es wurde beispielsweise beim AIDS-Virus festgestellt, daß es in das Empfänger-System hineinpassen muß, um sich im Körper Halt zu verschaffen. In USA laufen Versuche, um ein künstliches Neuropeptid zu erschaffen, das in die AIDS-Empfänger-Zellen hineinpaßt, so daß der AIDS-Virus nicht weiß, wo er hingehen soll. Mit anderen Krankheiten wurde dies schon erfolgreich praktiziert.

Ein Gedanke veranlaßt die Gehirnzellen, ein Neuropeptid herzustellen. In unserem Immun-System gibt es die sogenannten Monozyten. Der Durchmesser einer Monozyte ist 11 mikro-mm. Neben den Gehirnzellen wurden auch bei Monozyten die ersten Empfänger-

Systeme gefunden. Sie waren mit dem Empfänger-System im Gehirn identisch. Das bedeutet, daß das Immun-System alles mithört und alle unsere Selbst-Gespräche belauscht. Deine Immun-Zellen wissen alles über Deine Gefühle und Gedanken. Bei den Monozyten wurden bis heute 90 verschiedene Empfänger-Systeme entdeckt, die die kleine Zelle enthält. Die neueste Entdeckung war dann, daß die Immun-Zellen auch Neuropeptide erzeugen. Wir haben ein denkendes Immun-System. Es empfängt nicht nur Neuropeptide, sondern kann eigene Neuropeptide herstellen.

Dies ist eine bewiesene wissenschaftliche Tatsache und beweist auch, daß Gedanken unseren Körper und die Gesundheit beeinflussen. Zu diesem Thema möchte ich das Buch *Die heilende Kraft – Quantum Heilung* von Dr. med. Deepak Chopra empfehlen. Er verbindet die Prinzipien des altindischen Wissens vom Leben, *Ayurveda*, mit den jüngsten Forschungsergebnissen der Molekularbiologie.

Weiterhin wurde entdeckt, daß diese Empfänger-Systeme auch in anderen Organen des Körpers, zum Beispiel in der Leber, den Nieren und den Därmen gefunden wurden, die auch Neuropeptide erzeugen. Dies bedeutet, wir haben einen denkenden Körper, und es erklärt auch, warum *Visuelle Vorstellungen* so wirkungsvoll sind. Im Dr. Carl Simonton Institute in Fort Worth, Texas, wird mit Visueller Vorstellung mit todkranken Patienten gearbeitet, die dann Besserung erfahren. Die Erfolgs-Quote beträgt 25 %. (Siehe auch das Buch *Wieder Gesund* von Dr. Carl Simonton.) Der denkende Verstand ist also nicht nur im Gehirn, sondern im ganzen Körper. Das Gehirn ist nicht der Verstand oder das Gemüt. Das Denken durchdringt den ganzen Körper und dehnt sich darüber hinaus noch aus.

Durch die sogenannten Neurotransmitter = Botenmoleküle, werden Botschaften im Körper weitergeleitet. Hierzu ein Auszug aus dem Buch *Die heilende Kraft* von Dr. Chopra: »In den siebziger Jahren wurde jedoch eine Reihe wichtiger Entdeckungen gemacht: unbekannte, winzige Moleküle – die sogenannten ›Neurotransmitter‹. Diese Neurotransmitter übertragen Nervenimpulse; ihre Funktion in unserem Körper ist die von ›Botenmolekülen‹, mittels derer die Nervenzellen (Neuronen) des Gehirns mit denen des übrigen Körpers kommunizieren können. Neurotransmitter sind die Botenläufer, die hin zum Gehirn und zurückeilen und jedem unserer Organe unsere Gefühle, Wünsche, Erinnerungen, Intuitionen und Träume mitteilen. Keines von diesen inneren Ereignissen ist auf das Gehirn allein beschränkt. Genauso ist keines von ihnen ausschließlich geistiger Art, denn jedes kann auch chemisch erfaßt werden. Wohin auch immer ein Gedanke gehen möchte, dorthin müssen auch diese Substanzen gehen. Ohne sie können Gedanken nicht existieren. Denken bedeutet, chemische Prozesse im Gehirn zu erzeugen und eine Flut von Reaktionen im ganzen Körper auszulösen. Die Entdeckung der Neurotransmitter läßt die Wechselwirkung zwischen Geist und Materie noch wesentlich beweglicher und fließender erscheinen als zuvor.«

Sicher erkennst Du jetzt, wie wichtig es für unser Immun-System und somit für unsere Gesundheit ist, gute Gedanken, viel Freude und Liebe zu fühlen. Hast Du viel Spaß und Freude in Deinem Leben, freut sich Dein Immun-System mit Dir, und Du wirst strahlende Gesundheit haben.

Durchschnittlich denken wir 60000 Gedanken am Tag, davon sind 95% die gleichen wie am Tag zuvor. Somit erschaffen wir immer wieder den gleichen Körper. Alle unsere Gedanken und Gefühle beeinflussen unseren Körper. Verändern wir unsere Gedanken, Glaubenssysteme und Gefühle, verändert sich auch der Körper.

Wir glauben auch, daß unsere Sinne uns die Wahrheit sagen. Aber das stimmt nicht. Die Sinne sagen Dir zum Beispiel, daß die Eisenbahn-Schienen in der Ferne zusammenlaufen. Du glaubst es, weil Deine Augen es sehen. Oder Du glaubst, die Erde sei stationär, aber sie bewegt sich im Raum.

Übertrage dies auf Deinen Körper. Sieh Deinen Körper durchlässiger, fließender, dynamischer, veränderlicher. Begriffe und Ideen, die uns zuvor als unreal oder abstrakt vorkamen, werden real, wenn wir unser Bewußtsein ausdehnen. Der Zustand des Körpers ist das Resultat des Bewußtseins. Der Zustand der Erde ist das Resultat des kollektiven menschlichen Bewußtseins.

Der Körper kommt uns fest vor, besteht aber in Wirklichkeit aus sich bewegenden Teilchen. Diese Teilchen geben uns durch unsere Sinne die Erfahrung der Materie. Aber es ist nur schwingende, sich bewegende Energie und Information. Das Atom und somit der Körper sind 99,999 % leerer Raum. Der leere Raum ist nicht leer, sondern erfüllt von nicht-materieller Intelligenz und Informationen energetischer Schwingungen, die schließlich für den materiellen Ausdruck des Körpers und des Verstandes verantwortlich sind.

Deine wahre Essenz ist ein Feld von Bewußtsein, das zum Körper und Gemüt wird. Wir sind geistige Wesen, die hier eine körperliche Erfahrung machen.

Der Körper spiegelt also wider, was an Informationen hineingegeben wird. Du kannst demnach bewußt wählen, was Du hineingeben möchtest: gute Gedanken; neue, gesunde Zellen; visualisiere neues Gewebe und neue Organe, Jugend und Schönheit. *Erschaffe Dir durch neue Gedanken einen neuen Körper*. Und vor allen Dingen, fühle Freude, Spaß und Begeisterung, denn dies ist der beste Schutz für Dein Immun-System.

Übernimm jetzt die volle Verantwortung für Dein Leben, Deine Lebensumstände, Deine Gesundheit!

Selbst-Meisterschaft

Was bedeutet Selbst-Meisterschaft? Es bedeutet zu erkennen und Dich zu erinnern, wer und was Du in Wahrheit bist: ein Göttliches Wesen, das hier auf dem Planeten Erde in einem physischen Körper seine Erfahrungen macht. (Siehe auch Kapitel *Die sieben Körper des Menschen*.) Du bist soviel mehr, als Du zu sein glaubst! Seit Jahrtausenden haben wir unsere wahre Herkunft vergessen und uns mit unserem irdischen Körper und dem Ego identifiziert. Die Ego-Persönlichkeit hat die Führung übernommen. In der Selbst-Meisterschaft hat das Höhere Selbst, die Göttliche Gegenwart in uns, wieder die Führung der vier niederen Körper = Ego übernommen.

Jesus Christus sagte uns: »Ich bin der Weg«. Damit war nicht seine Persönlichkeit gemeint, sondern das Christus-Bewußtsein, das Heilige Christus- oder Christ-Selbst, die Gott-Gegenwart »ICH BIN«. Moses erhielt auf seine Frage »Wer bist Du?« die Antwort »ICH BIN« der »ICH BIN« oder auch »ICH BIN« das »ICH BIN«, nämlich das GROSSE »ICH BIN«, die Göttlichkeit, nicht das kleine Ego. »Sei still und wisse, daß ich Gott bin.«

Dein wahres Selbst ist *Gott*, ausgedrückt in *Form*. Es gibt überhaupt nichts in der Welt der Form, das nicht aus der Großen Quelle aus dem Herzen Gottes entstammt. Wenn wir uns also mit unserer Gott-Gegenwart »ICH BIN«, dem Göttlichen Selbst, wieder vereinen und ihm die Führung und Herrschaft übergeben, erlangen wir wahre Selbst-Meisterschaft. Die Lernaufgabe auf der physischen Ebene besteht darin, effektiv mit den natürlichen Gesetzen umzugehen und dadurch *Meister von Energie und Schwingung* zu werden und unser Leben zu meistern, anstatt *Opfer* unserer mißbrauchten (negativen), nach dem Gesetz des Kreislaufs zurückkehrenden, Energie zu sein (Seite 128).

Selbst-Erkenntnis – der Schlüssel zur Selbst-Meisterschaft. Erkenne Dein Selbst! Erkenne Dein Göttliches Selbst. Wenn wir die Verbindung mit diesem Selbst herstellen, können sich die göttlichen Eigenschaften dieses Selbst in uns ausdrücken.

Was können wir tun, um Selbst-Meisterschaft zu erlangen? Zunächst sollten wir uns objektiv unsere Lebensumstände ansehen. Jedoch ohne uns selbst zu kritisieren, uns abzuwerten oder zu verurteilen, denn dadurch würden wir die negative Energie in der Situation und auf der Erde verstärken, und sie würde wieder im Kreislauf zu uns zurückzukehren. (Siehe »6. Universales Gesetz von Ursache und Wirkung, das Gesetz des Kreislaufs, 6. Strahl«, auf Seite 128.) Ziehe eine Art *Lebens-Bilanz* und sei ehrlich mit Dir selbst. Erkenne, daß Deine Lebensumstände die Spiegelung oder Manifestation Deiner Gedanken, Gefühle und Glaubenssysteme sind.

Nimm Dir ein Blatt Papier und schreibe auf, in welchen Bereichen Du etwas verändern möchtest, zum Beispiel in Beziehungen, Partnerschaft, Eltern, Kinder, Freunde, Beruf, Finanzen, Gesundheit, Ziele, Wünsche, Träume. Wenn Du fertig bist, markiere, was Dir gefällt und was Dir nicht gefällt, was Du verändern oder verbessern möchtest. Was möchtest Du wirklich, was macht Dir Spaß und Freude?

Alles, worüber wir nachdenken, alles, worauf wir unsere Aufmerksamkeit richten, ziehen wir an. Das ist das Natur-Gesetz der Anziehung und Ausstrahlung bzw. Abstoßung. Auszug aus dem Buch *Deine Zukunft ist Jetzt* von John Randolph Price: »Alles wird aufgrund der Schwingung Deines Energiefeldes von Dir angezogen oder abgestoßen, und diese Schwingung wird gebildet durch Deinen Glauben und Deine Überzeugungen. Demzufolge ist auch nichts in Deinem Leben am falschen Platz oder in Unordnung. Alles ist vollkommen – entsprechend Deinem Bewußtsein und der Auswirkung des Gesetzes. Deine Welt ist der Spiegel Deiner Gedanken, Gefühle, Vorstellungen – die sich alle in materieller Form und als Erfahrungen zum Ausdruck bringen.«

Denkst Du viel über Deine Probleme nach, ziehst Du genau diese Probleme in Dein Leben. Hören wir also auf, das anzuziehen, was wir nicht haben möchten, und ziehen dafür das an, was wir haben möchten.

Möchtest Du andere Resultate in Deinem Leben haben, so beginne damit, Dein Bewußtsein zu verändern, denn Dein jetziges Bewußtsein hat diese Umstände geschaffen. Alle Probleme, wie Hunger, Not, Krieg auf der Erde, existieren nur, weil sie jemand in seinem Bewußtsein hat. Glaubenssysteme, Programmierungen, Verhaltensmuster, erschaffen die Wirklichkeit auf der dreidimensionalen Ebene. Wir sind alle durch die Vergangenheit vorprogrammiert. Unser Unterbewußtsein (ätherischer Körper) ist wie ein Computer. Wir müssen also neue Muster, Gewohnheiten und Glaubenssysteme eingeben.

Werde Dir Deiner negativen Gedanken bewußt. Wir denken und reagieren sehr oft negativ, ohne daß wir es merken. Wenn Du erkannt hast, daß Du Deine Gedanken und Gefühle einfach so geschehen läßt, Du jetzt aber weißt, daß alles zu Dir zurückkehrt, was Du aussendest, kannst Du damit anfangen, Deine Gedanken, Worte, Gefühle und Handlungen zu beherrschen und zu lenken. Dadurch verändern sich Deine Angewohnheiten. Sei während dieser Zeit sehr tolerant, liebevoll, vergebend und geduldig mit Dir selbst. Mache möglichst täglich die Visualisation mit der Violetten Flamme auf Seite 139, am besten mit der Kassette. Nach einigen Wochen wird sehr viel negative Energie umgewandelt sein.

Ertappst Du Dich bei einem negativen Gedanken, Gefühl oder Angewohnheit, halte inne, visualisiere vor Dir ein großes Goldenes Tor sowie um Dich herum das Violette Feuer, sage: »Das bin ich nicht mehr, das ist das alte Ich« und wirf die negative Energie mit Deinen erhobenen Händen über Deine Schultern nach hinten in das Dich umgebende Violette Feuer, bitte es, diese Energie in Licht umzuwandeln. Dann geh einen Schritt nach vorn durch das Goldene Tor.

Übe bewußte Kontrolle über Deine Gedanken und Gefühle aus. Hierbei helfen auch positive Affirmationen, laut gesprochen, gedacht oder geschrieben. Eine Affirmation ist die bewußte Wahl eines positiven Gedankens, den Du durch Wiederholung in Deinem Bewußtsein vertiefst, um bestimmte erwünschte Ergebnisse zu erzielen. Sicher ist Dir schon in diesem Buch aufgefallen, daß die Affirmations-Sätze mit »ICH BIN« beginnen. »ICH BIN« ist ein Kode-Wort und stimmt uns auf die Universale Quelle allen Lebens ein. In Englisch ist es »I AM«. I steht für Alpha oder Anfang, AM für Omega oder Ende. Es bedeutet, daß die Universale Quelle allen Lebens »Anfang und Ende« von Allem ist, was existiert. »I AM« ist in Sanskrit das Mantra »OM«. Es wird viel gesungen, um das Bewußtsein zu erhöhen. »OM« ist der Urlaut aller Laute, das allumfassende, symbolische Wort für Gott. »OM« ist der alldurchdringende Laut, der vom Heiligen Geist ausgeht, der unsichtbaren kosmischen Schwingung. Es ist das *Wort* in der Bibel. Das Wort »I AM« oder »ICH BIN« ist an sich eine *Anrufung*. Nach dem Naturgesetz des Universums muß sich das, was nach »ICH BIN« folgt, manifestieren.

Durch positive Affirmationen senden wir bewußt konstruktive Gedankenformen aus, die nach dem Gesetz des Kreislaufs mit vervielfachter Wirkung zu uns zurückkehren, um das zurückzubringen, was wir affirmieren. Tatsächlich gebieten wir der elektronischen Licht-Substanz, konstruktiv durch uns zu fließen, um das zu erschaffen, was wir in der Vollkommenheit affirmieren. Unser Gehirn ist wie eine Schallplatte mit tiefen Rillen von festeingekerbten Mustern und Gewohnheiten. Wir können mit den Affirmationen neue Rillen schaffen.

Wenn Du mit dem Schreiben von *Positiven Affirmationen* beginnen möchtest, empfehle ich Dir zu Beginn eine Antwort-Spalte einzurichten, um dort Deine negativen Reaktionen und Gedanken aufzuschreiben, und sie dann dem Feuer zur Reinigung zu übergeben. (Die Bücher *Auch Lieben will gelernt sein* von Sondra Ray, und *Öffne Dich für die Liebe* von Bob Mandel sind für Selbst-Erkenntnis sehr geeignet.)

Schreibe Dir eine oder auch mehrere positive Affirmationen auf. Am besten liest Du sie als erstes morgens, dadurch wird Dein Tag von positiver Energie bestimmt. Bringe die Prinzipien Deiner Affirmation in Deine täglichen Aktivitäten ein. Lies sie dann als letztes vor dem Einschlafen. Sie sinken während des Schlafes in das Unterbewußtsein. Wiederhole die einzelnen Sätze mit tiefem Gefühl, empfinde die Energie der Affirmation und atme sie in Dein Wesen sein.

Übe Dich im positiven Denken und Handeln. Versuche in jeder Situation, Angelegenheit, Person, Ort, in allem, was Dir begegnet, das Positive zu sehen. Etwas Positives wirst Du immer finden, auch wenn es nur die Krawatte, die Farbe der Bluse oder die Socken sind! Ein Fünkchen Licht scheint überall.

Unser Göttliches Selbst wird uns bei der Umgestaltung sehr helfen. Es ist die einzige Möglichkeit, sich aus der niederen Schwingung des Egos zu befreien. Auf den weiteren Seiten dieses Buches, unter *Energie und Eigenschaften der 12 Strahlen* findest Du noch Übungen und Anrufungen, die Dir helfen, Vergangenes umzuwandeln und die Herrschaft über die vier niederen Körper zu erlangen.

Entscheidung zur Selbst-Meisterschaft

Wir entscheiden mit unserem freien Willen und übergeben die Führung wieder unserer Gott-Gegenwart in uns, so daß die Ego-Persönlichkeit diesem Höheren Selbst dient. Sowie Du beginnst, Dich mit Deinem Göttlichen Selbst anstatt mit Deinem Ego zu identifizieren, wird das Licht dieses Göttlichen Selbst in Dich und Dein Leben einfließen und Dir die Ebenen der inneren Wahrheit erschließen.

Das Ego möchte natürlich die Macht behalten und wird sich wehren. Es verfügt über eine riesige *Trick-Kiste*! Du wirst mehrere laute Stimmen in Dir hören, das ist das Ego. Dann gibt es die kleine, sehr leise Stimme – das ist das Göttliche Selbst. Höre auf diese kleine, leise Stimme!

Mache das Ego zu Deinem Freund, sprich mit ihm und sage: »Ich liebe Dich, menschliches Ego. Ich danke Dir für Deinen Dienst und die Erfahrungen, durch die ich hier auf Erden lernen konnte. Aber jetzt ist es an der Zeit, daß mein Heiliges Christ-Selbst und meine Gott-Gegenwart die Führung über meinen physischen, ätherischen, mentalen und emotionalen Körper wieder übernehmen. Durch die Kraft Gottes, die »ICH BIN«, übergebe ich Dich dem Licht und befreie Dich durch Liebe!«

Falls wieder Gedanken von Ärger, Abwehr, Angst oder Zweifel in Dir aufsteigen, dann wiederhole die vorherige Affirmation. Bitte Dein Heiliges Christ-Selbst mit der folgenden Anrufung (1), die Führung über die vier niederen Körper zu übernehmen:

»Durch die Kraft Gottes, die in jedem menschlichen Herzen verankert ist, bitte ich mein Heiliges Christ-Selbst, die volle Herrschaft über meine vier niederen Körper zu übernehmen. Durchdringe mich und drücke die Vollkommenheit des Himmels in meinen Gedanken, Worten, Gefühlen und Handlungen aus. Entferne jeden Widerstand und erlaube mir, die Gesetze der vollkommenen Gesundheit, ewigen Jugend und strahlenden Schönheit anzuwenden. »ICH BIN« die Vollkommenheit des Christus-Bewußtseins in der Welt der Form. So sei es! »ICH BIN«.«

Übergib alle Sorgen Deines Lebens Deinem innewohnenden Christ-Selbst, denn es hat die Lösung für jedes Problem, die Antwort auf jede Frage, da es *Eins* mit Gott ist und Gottes Wille Vollkommenheit in allen Dingen ist.

Selbst-Liebe

Sich selbst zu lieben ist für die meisten Menschen eine große Schwierigkeit. Viele meinen, es hat mit Egoismus zu tun, lehnen es sogar ab, sich selbst zu lieben. Ich bin jedoch erst in der Lage einen anderen zu lieben, wenn ich mich selbst liebe, und zwar *Mein Höheres oder Göttliches Selbst*. »Liebe Deinen Nächsten wie Dich selbst« bedeutet, dieses Gott-Selbst in Dir zu lieben. Es steht in der Bibel: »Du sollst den Herrn Deinen Gott lieben, aus Deinem ganzen Herzen, aus Deiner ganzen Seele und mit all Deiner Kraft«. Damit ist der Geist Gottes *in Dir*, das Christ-Selbst oder Christus-Bewußtsein gemeint. Vereinst Du Dich mit Deinem Christ-Selbst in Dir, wird die Liebe, die es *ist*, Dich mit ihrer Strahlkraft überfluten. Sie wird Deine negativen Verhaltensmuster und falschen Glaubenssysteme auflösen und Dich durchströmen. Die Höchste Gegenwart in Dir wird durch Dich lieben und Dein Energiefeld in die höchste Schwingung versetzen, so daß sich Dein Leben verändert. Du mußt es nur *zulassen*. Dein Ego möchte die Trennung von Gott und somit seine eigene Herrschaft aufrechterhalten. Deswegen erzählt es Dir auch, daß es egoistisch ist, sich selbst zu lieben. Nach der Vereinigung mit dem Gott-Selbst wird das Ego zum Diener des Göttlichen.

Liebe Dein Christ-Selbst, Deine Gott-Gegenwart in Dir, denn sie *ist* die strahlende Kraft und Macht der Liebe und Vollkommenheit. Sie wird in Dir alles ebnen, so daß Du Dich selbst in Liebe annehmen kannst. Das Licht der Liebe wird die Dunkelheit vertreiben.

Liebe ist magnetisch. Keine Schwingung kann der Kraft der Liebe widerstehen oder sie ablehnen. Liebe überwindet alles! Liebe befreit! Liebe siegt! Es hat fast 2000 Jahre gedauert, die Botschaft des Christus zu verstehen und sie zu LEBEN. Das ist *das Christus-Bewußtsein*. Wir sind auf diese Erde gekommen, um die Liebe hier zu verwirklichen.

Die Liebe Gottes ist in Deinem Herzen. Fühle SEINEN Herzschlag, der in *allen Herzen* pocht, in Deinem eigenen. Ununterbrochen klopft und klopft es an der inneren Herzenstür: »Mach die Tür auf, so daß die *Liebe* Dich in ihre immer ausgebreiteten Arme nehmen kann.« (Die Tür läßt sich nur von *innen* öffnen!) Übergib Dich dem großen göttlichen Herzen der Liebe, und Dein Wesen wird davon erfüllt sein. *Liebe Dein Göttliches Selbst* und strahle die Liebe überallhin aus!

ZWEITER TEIL

Die Energien und Eigenschaften der 12 Sonnen-Chakra Strahlen Gottes und deren 12 Universale Gesetze

Der Kausal-Körper Gottes – wie er der Menschheit für das gegenwärtige Evolutionsstadium enthüllt wird – besteht aus 12 strahlenden Bändern aus Licht, bekannt als die *12 Sonnen-Aspekte der Gottheit.* In den Schwingungs-Frequenzen dieser Strahlen kommt Gottes Vollkommenheit zum Ausdruck. Jeder der 12 Strahlen hat wiederum Bezug zu den 12 Sternzeichen. Diese sind Göttliche Kraftfelder, die den jeweiligen Aspekt der Vollkommenheit Gottes mit den entsprechenden Eigenschaften anziehen und in die Atmosphäre unseres Sonnensystems rhythmisch durch die Sonnen-Zyklen hineinprojizieren. Das Göttliche Licht wird von unserer Sonne aufgenommen und durch den Atem Gottes in die Erde hineingeatmet, beziehungsweise -gestrahlt. Dadurch werden die Frequenzen hinuntergeschraubt, so daß sie dann der Schwingung der dritten Dimension entsprechen. Dies geschieht, während die Erde in 365 1/4 Tagen jährlich um die Sonne kreist. Wenn wir uns also während der einzelnen 12 Sonnenzyklen jeweils der entsprechenden Eigenschaften bewußt sind, können wir das Licht in unserem Leben und auf der Erde verstärken.

Die 12 Universalen Gesetze sind die geistigen Gesetze, die das Universum regieren. Je besser wir diese Gesetze verstehen, desto mehr können wir sie für unsere Selbst-Meisterschaft nutzen. Sie wirken zusammen als *Eins* und bringen nur Harmonie und Gleichgewicht. Wenn wir zur Zeit das Chaos auf unserer Erde sehen, können wir davon ausgehen, daß wir nicht nach den Universalen Geistigen Gesetzen gehandelt haben, denn sie wirken immer, ob wir etwas darüber wissen, daran glauben oder nicht. Wir unterliegen alle diesen Gesetzen. Da wir das *Geschenk des Freien Willens* erhalten haben, können wir ihnen entweder Folge leisten oder auch nicht. Die Konsequenzen müssen wir dann allerdings selbst tragen. (Siehe *Das Gesetz des Kreislaufs* auf Seite 127).

Göttliche Ordnung und Harmonie sind der Wille Gottes für dieses Universum. Wenn wir also mit diesen Gesetzen konform gehen und sie in unser tägliches Leben integrieren, werden wir Ausgeglichenheit, Harmonie und inneren Frieden erfahren. Haben wir inneren Frieden, wird davon die Umwelt beeinflußt, und wir werden auch auf der Erde Frieden haben.

Bitte Deine Gott-Gegenwart, Dir Klarheit zu geben, so daß Du diese Gesetze, wie nie zuvor, verstehst.

1. Strahl Blau

1. Aspekt Gottes: *Gottes Wille und Schutz*
1. Universales Gesetz: *Das Gesetz der Energie – Licht.*
   Gott ist Vollkommenheit, die Erste Ursache Gottes »Es werde Licht«.

ENERGIE UND EIGENSCHAFTEN VON GOTTES WILLEN SIND:
Glaube, Macht, Schutz, Entscheidungskraft, Göttliche Ordnung, Gehorsam, Intuition, Einheit, Unterscheidungskraft, Verschwiegenheit, Wahrnehmung, Besonnenheit, Sieg.

Sonnen-Zyklus: 23. Juli bis 22. August
Sternbild: Löwe

Der 1. Strahl Gottes strahlt als blaues Licht durch die Atmosphäre der Erde und durch unsere Sonnen-Wirbelsäule im Bereich des Hals-Chakras.

Nach dem Gesetz der Anziehung ziehen wir das in unser Leben, worauf wir unsere Aufmerksamkeit und Konzentration richten. Wenn wir also den Göttlichen Willen in unserem Leben erfahren wollen, so brauchen wir nur unsere Aufmerksamkeit darauf zu richten. Leider ist der Göttliche Wille von vielen auf der Erde mißverstanden worden und wir glaubten, daß negative Erfahrungen, wie

Leid, Schmerzen, Kriege Gottes Wille seien. Da aber jetzt im *Zeitalter der Erleuchtung* tiefere Erkenntnisse in unser Bewußtsein dringen, wird der wahre Wille Gottes enthüllt.

Jeder Lebensstrom erhält das Geschenk des Freien Willens, mit dem wir durch bewußte Wahl das Königreich des Vaters ausdehnen sollten, indem wir Meister unseres Lebens werden und *Vollkommenheit* in jeder Dimension unserer Existenz erschaffen. Der Göttliche Plan sah vor, daß wir durch unseren Freien Willen nur Gutes erschaffen. Wie es allen bekannt ist, nach dem *Fall* erschufen wir Negatives, wie Chaos, Krankheit, Armut, Krieg, Angst, Haß. Dies war nie im Göttlichen Plan vorgesehen. In den himmlischen Ebenen des Lichtes vibriert nur *Vollkommenheit – Gottes Wille*. Dies ist auch das göttliche Erbrecht für die Erde. Jetzt ist die Zeit, daß sich das »Vaterunser«-Gebet: »Dein Königreich komme, Dein Wille geschehe, im Himmel wie auf Erden« verwirklicht. Auch wenn wir unsere wahre Identität und unser göttliches Ziel für lange, lange Zeit vergaßen, findet jetzt ein großes Erwachen statt.

Wir erkennen, daß die Kraft Gottes in uns ist. Und je mehr wir uns dessen bewußt sind und uns mit dieser Kraft verbinden, desto mehr erfahren wir unsere wahre Realität. Das Licht Gottes wird in unser Leben fließen, uns die Wahrheit enthüllen und Vollkommenheit erschaffen. Die Göttlichkeit in uns ist unser *Wirkliches Selbst*, und wir erkennen und erfahren in uns: »Der Vater und ich sind Eins«.

Damit wir dies jedoch verwirklichen können, bedarf es unseres Willens und der bewußten Entscheidung, uns mit unserer »ICH BIN« Gott-Gegenwart wieder zu vereinen. Ohne Entscheidung und den Willen, etwas auszuführen, wird nichts von Bestand vollbracht. Zuerst haben wir den Willen zur Tat in unserem Bewußtsein.

Es ist jetzt an der Zeit, zu erkennen, daß unsere Lebensformen nicht getrennt von Gott sind, sondern daß wir aus materialisierter Energie bestehen, die von unserem Bewußtsein beeinflußt wird. *Geist über Materie*! (Siehe auch *Die Kraft der Gedanken* auf Seite 55). Unsere Körper und unser Umfeld sind nur Spiegelungen unseres Bewußtseins. Materie kann also nicht nur durch *menschliche Willenskraft* verändert werden. Es bedarf dazu der Göttlichen Kraft, die wir empfangen, wenn wir die Einheit mit diesem Göttlichen Selbst in uns annehmen und erkennen, daß *Gott in uns* der Meister ist. Dann ist die Materie eine Masse von Atomen, die darauf wartet, unser Bewußtsein auszudrücken und die Vollkommenheit Gottes zu spiegeln.

Wir müssen jetzt nach innen gehen, um eine liebevolle Beziehung mit unserer Gott-Gegenwart aufzubauen, denn das ist der Teil von uns selbst, der *Eins* mit Gott ist.

Der 1. Strahl vibriert mit der *Kraft des Glaubens*. Diese Eigenschaft ist in uns, in der Gott-Gegenwart, und wird uns helfen, alte Situationen, die Probleme verursachen, loszulassen. Es ist Gottes Wille, daß wir die Vollkommenheit, die in unseren inneren Ebenen vorhanden ist, nach außen ausdrücken. In unserem Kausal-Körper ist alles Gute, das wir je vollbracht haben, enthalten. Diese Energien können wir für die Transformation unseres Lebens benutzen.

Jeder Lebensstrom auf dieser Erde trägt seinen Teil zur Einheit und zur Vervollkommnung von Gottes Plan bei. Einheit in der Zielsetzung bedeutet, daß jeder Gottes Willen folgt und sich vom Herzen seiner Gott-Gegenwart leiten läßt. Wir müssen unsere wahre Göttliche Natur vollkommen einheitlich zum Ausdruck bringen, und somit werden wir alles Leben segnen. Gehen wir nach innen, hören wir auf die Göttliche Führung und handeln danach, brauchen wir den 1. Strahl von Gottes Willen, Entscheidungskraft und den Willen zur Tat. Dies ist der erste Schritt zur Selbst-Meisterschaft.

Unsere Gott-Gegenwart möchte sich sehr gerne wieder durch uns ausdrücken, und wir sollten sie von den Beschränkungen unseres niederen menschlichen Bewußtseins befreien. Meistens ist es jedoch so, daß das »menschliche« Bewußtsein bei Veränderungen Widerstand leistet. Wenn wir jedoch die Übung: *Verbindung mit dem Höheren Selbst* (siehe Seite 80) beständig und konsequent machen, werden wir durch die Kraft Gottes in uns wunderbare Veränderungen in unserem Leben, sowie Führung von unserem Gott-Selbst erfahren.

Leben wir nach dem Willen Gottes, wird sich Gottes Vollkommenheit in unserem Leben, auf der Erde mit all ihrem Leben widerspiegeln, und der Himmel auf Erden wird verwirklicht.

Aus »The Next Step« von Patricia D. Cota-Robles:

Der Wille Gottes ist Licht.
Der Wille Gottes ist das Gute.
Der Wille Gottes ist Glückseligkeit.
Der Wille Gottes ist Gnade.
Der Wille Gottes ist Frieden.
Der Wille Gottes ist Reinheit.
Der Wille Gottes ist Gleichgewicht.
Der Wille Gottes ist Gesundheit.
Der Wille Gottes ist Reichtum und Fülle.
Der Wille Gottes ist Freundlichkeit.
Der Wille Gottes ist Einheit.
Der Wille Gottes ist Liebe.
Der Wille Gottes ist Vollkommenheit.

1. Universales Gesetz: Das Gesetz der Energie – Licht

Die Erste Ursache Gottes »Es werde Licht«.

Alles, was im Universum existiert, ist *Licht* – Elektronische Licht-Substanz = *Energie*. Nach Einstein besteht alles aus Schwingung – Licht ist Schwingung; Energie, die in unterschiedlichen Frequenzen und Verdichtungsgraden schwingt. Aus dem Herzen Gottes strömen unzählige Elektronen, kleinste »Licht-Wesen«, die alle die Schwingung der VOLLKOMMENHEIT besitzen. Sie kommen in die Welt der Form und sind bereit, die Vollkommenheit Gottes zu formen. Durch unsere »ICH BIN« Gott-Gegenwart fließen sie in uns ein, um ihre Aufgabe zu erfüllen. Wenn diese Elektronen durch uns strömen, werden sie von unserem Bewußtsein beeinflußt. Leider, seit dem *Fall*, auch durch negative Schwingungen der menschlichen Persönlichkeit. Durch das unkontrollierte Bewußtsein des Menschen, und wenn sie sich durch das Herz auf die physische Ebene bewegen, verlieren sie fast ihre ganze Strahlkraft, so daß ihre Reise in das Universum unterbrochen wird.

Es ist jetzt unsere Verantwortung, das 1. Gesetz zu erfüllen und aufzuhören, dieses wunderbare Geschenk des Lebens zu mißbrauchen. Wenn wir unsere schöpferischen Fähigkeiten zu denken und zu fühlen harmonisch gebrauchen, können diese Lichtwesen mit vollster Strahlkraft durch uns strömen und ihre Aufgabe erfüllen. Durch die Strahlkraft des Lichtes wird dann auch die negative Massen-Energie umgewandelt, und Gottes Erste Ursache *Vollkommenheit für Alles* wird sich erfüllen.

Übungen und Anrufungen zum 1. Strahl Gottes Blau

Verbindung mit Deinem Höheren Selbst – *Deiner Gott-Gegenwart* »ICH BIN« (2)

Sich mit der Gott-Gegenwart in uns zu verbinden, ist der Schlüssel zu geistiger Freiheit und schließlich unser Aufstieg in das Licht. Es gibt viele verschiedene Möglichkeiten, diese Verbindung herzustellen, und jeder wird seine eigene, individuelle Variante haben. Die fünf nachfolgenden Schritte sind einfache Richtlinien:

1. Werde ruhig und entspanne Dich: *Sei still und wisse.*
2. Rufe das Kraftfeld des Schutzes.
3. Verbinde Dich mit den Oktaven des Lichtes.
4. Rufe Deine Gott-Gegenwart an.
5. Lausche. *Sei still und wisse, daß* »ICH BIN« GOTT.

1. Werde ruhig und entspanne Dich.

Befehle jeder Zelle und jedem Organ in Deinem Körper, sich zu entspannen. Sei still und wisse. – Laß die Stille Dein ganzes Wesen durchdringen. Sprich zu jedem Teil Deines Körpers und erlaube ihm, sich zu entspannen. Beginne mit Deinen Füßen und gehe dann weiter hinauf bis zu Deinem Kopf. Mit der Zeit wirst Du geübt darin, so daß Du dann nur den Befehl zu geben brauchst. Der ätherische Körper (Erinnerungen der Vergangenheit), der mentale (Gedanken) und der emotionale (Gefühle), müssen auch beruhigt werden. Reinige

Dein Herz und Deinen Verstand von allem, was nicht harmonisch ist. Alles andere, was Dich ablenken will, bedeckst Du mit einer Dekke aus rosa Liebe. Wenn du entspannt bist, affirmiere tief in Deiner Herzensflamme: »ICH BIN« das »ICH BIN« (wiederhole 9 Mal). Dann geh zum nächsten Schritt über.

2. Rufe das Kraftfeld des Schutzes.
Licht ist die stärkste Ausstrahlung der Schöpfung. Rufe jetzt die volle *Kraft Gottes* des 1. Strahles von Schutz und Göttlichem Willen an:

»Im Namen der Allmächtigen Gegenwart Gottes »ICH BIN« rufe ich aus dem Herzen Gottes die unüberwindbare Säule von Gottes Erster Ursache des Schutzes. Diese Säule aus saphir-blauem Licht dehnt sich von den Himmlischen Ebenen bis auf die Erde unter mir aus. Sie umhüllt jedes Elektron meines Wesens und umgibt mich mit einem unüberwindbaren Kraftfeld von Gottes Heiligem Willen und Schutz. Dieses Kraftfeld *schneidet* alles *frei*, was in mir nicht vom Licht ist, und hindert alles, was nicht vom Licht ist, daran, mein Kraftfeld des Schutzes zu durchdringen. Ich fühle und weiß, »ICH BIN« vollkommen geschützt.«

Wenn Du Dich vollkommen geschützt fühlst, gehst du über zum nächsten Schritt.

3. Verbinde Dich mit den Oktaven des Lichtes.
Dieser Schritt erhöht die Schwingung Deiner vier niederen Körper (physischer, ätherischer, mentaler und emotionaler) und befähigt Dich, durch das Chaos der niederen Astral-Ebene hinauf zu den Oktaven des Lichtes und erleuchteten Wahrheit zu gelangen.

»Ich rufe das weiß-goldene Christus-Licht aus dem Herzen Gottes und bitte es, mein Wesen zu durchfluten. Bewußt lenke ich jetzt dieses Licht in jedes Elektron meiner vier niederen Körper. Ich stelle mir vor, wie sich dieses Heilige Licht in meiner Gehirnstruktur und in meinen Haupt-Chakren ausdehnt. Dieses strahlende Licht beruhigt meine Gedanken und aktiviert die schlafenden Zentren meines Gehirns. Dadurch kann ich klar die Stimme meiner *Gott-Gegenwart* wahrnehmen. Jede Faser meines Wesens pulsiert jetzt mit dem Christus-Licht. »ICH BIN« jetzt bereit, in die Oktaven des Lichtes aufzusteigen. Ich beginne mit meinen Füßen und sehe das weiß-goldene Christus-Licht um meine Füße und Fersen wirbeln. Dieser wirbelnde Strudel aus Energie baut sich auf, steigt an meinen Beinen auf in meinen Oberkörper. Er steigt höher und höher hinauf, bis mein ganzer Körper von einem wirbelnden Kraftfeld aus elektronischem Licht umgeben ist. Ich fühle jetzt, wie ich in der saphir-blauen Säule von Gottes Heiligem Willen in die Ebene des Ewigen Lichtes aufsteige. Ganz langsam lasse ich das Licht zu meinen Füßen fließen und verbleibe in der Ebene des Ewigen Lichtes. »ICH BIN« jetzt fähig, mich selbst *als* meine *Gott-Gegenwart* zu sehen. Ich fühle die *Einheit* – die Trennung besteht nicht mehr.«

Geh langsam über zum nächsten Schritt.

4. Anrufung meiner Gott-Gegenwart.
Bitte jetzt um Führung und Hilfe, Deinen Göttlichen Plan zu erfüllen.

»Durch die pulsierende Kraft Gottes in meinem Herzen, rufe ich meine MÄCHTIGE »ICH BIN« Gegenwart – *meine wahre Gott-Wirklichkeit* – an und bitte sie, die Führung meiner vier niederen Körper zu übernehmen und durch mich hindurchzugehen. *Gesegnetes Wesen*, bring mich zurück zu meiner Quelle und vereinige mich wieder mit der *einen Gegenwart allen Lebens*. Bring die Gottes-Energien hervor, die notwendig für mich sind, nur die *Vollkommenheit Gottes* in allem Leben zu erkennen. Laß mich heute nur Gottes Liebe, Leben und Licht in allem, was ich sehe, fühle, spreche und tue, erfahren! SO SEI ES! »ICH BIN«.

Jetzt bitte Deine Gott-Gegenwart, Dir Deine Fragen, die Du hast, zu beantworten. Bitte um Klarheit, Verständnis und Führung.

5. Lausche.
Öffne alle Deine Empfangs-Kanäle und lausche. Erinnere Dich daran, daß Du nicht einschläfst. Beruhige Deinen Geist und erhalte die Stärke, geistige Klarheit zu empfangen. Schließe die Welt aus und lausche dem Rhythmus Deines Herz-Schlages. Erlebe die Harmonie, indem sich Dein Rhythmus mit dem Rhythmus des Universums verbindet. Konzentriere Dich nicht darauf, etwas zu empfangen, denke nicht. Sei passiv, friedvoll und empfänglich. Du lauschst?
»Sei still und wisse, daß »ICH BIN« Gott«

Die folgende Anrufung und Affirmation bringt die Eigenschaften von Gottes 1. Strahl in unser Leben. Wenn wir täglich diese Gedankenformen durch die Kraft des gesprochenen Wortes stärken, werden sie sich bald in der äußeren Welt manifestieren. Zentriere Dich in der Gegenwart Gottes, die in Deinem Herzen pulsiert und wiederhole die Anrufungen und Affirmationen mit tiefem Gefühl.

Übergib Deiner Gott-Gegenwart die Führung (2)
»Mächtige »ICH BIN« Gegenwart, übernimm heute die Führung für mein äußeres Selbst. Führe einen jeden meiner Gedanken, meiner Gefühle, jedes gesprochene Wort, jede Aktion und Reaktion. Drücke Deine Vollkommenheit aus und erhalte Deine Führung aufrecht. Stelle und erhalte mich immer an meinem rechten und vollkommenen Platz. Zeige mir das Vollkommene, das ich tun soll und durch mich, tue es. SO SEI ES. Geliebtes »ICH BIN«.

Anrufung der Göttlichen Ordnung (2)
»In der vollen Kraft und Autorität der Geliebten Gegenwart Gottes »ICH BIN«..., rufe ich die Kraft der Göttlichen Ordnung in mein Leben. *Komm jetzt herbei*!... und *unterstütze mich*, die Göttliche Ordnung in meinem Heim, meinen Geschäften und in meinem geistigen Dienst zu haben, und in allen Heimen, Geschäften und äußeren Aktivitäten der Menschheit. Erhalte dies für ewig aufrecht, voller tätiger Kraft, sich immer mehr ausdehnend und welt-umfassend, bis alle die Göttliche Ordnung innerhalb des Gottes-Bewußtseins erkennen.
ICH DANKE DIR UND NEHME DIESEN RUF ALS ERFÜLLT AN.
ALS GOTTES HEILIGSTER NAME... »ICH BIN«.

2. Strahl Gold-Gelb

2. Aspekt Gottes: *Erleuchtung*
2. Universales Gesetz: *Wie oben, so unten.*

ENERGIE UND EIGENSCHAFTEN DES 2. STRAHLES SIND:
Gott-Erleuchtung, Weisheit, Verständnis, Standhaftigkeit, Treue, Sti-

mulation und Intensivierung des geistigen Wachstums, Fortschritt, Christus-Bewußtsein.

Sonnen-Zyklus: 21. Juni bis 22. Juli
Sternbild: Krebs

Der 2. Strahl Gottes strahlt als gold-gelbes Licht durch die Atmosphäre der Erde und durch unsere Sonnen-Wirbelsäule im Bereich des Kronen-Chakras.

Dies ist das Zeitalter der *Erleuchtung*, das schon sehr lange prophezeit wurde, in dem »das Geheimnis Gottes erfüllt wird«. In der Bibel Offenbarung 10,7 wird diese Wahrheit bestätigt: »...sondern in den Tagen, wo der siebente Engel seine Stimme erhebt und zu posaunen sich anschickt, wird das Geheimnis Gottes erfüllt werden, wie er es verkündet hat, seinen Knechten, den Propheten.«

Da wir jetzt im Zeitalter des Wassermannes sind und unter dem Einfluß des 7. Strahles der Freiheit, Gnade, Hingabe, Vergebung und der Violetten Umwandlungs-Flamme der Liebe stehen, ist jetzt die Zeit des *siebenten Engels*. Das Licht der Wahrheit strömt auf die Erde, und das Geheimnis Gottes wird erfüllt werden. *Erkenne die Wahrheit und die Wahrheit wird Dich befreien.* (Bibelstelle Joh. 8,32 »Ihr werdet die Wahrheit erkennen, und die Wahrheit wird Euch befreien«; Gen. 1,27: »Gott schuf den Menschen nach seinem Abbild; nach Gottes Bild schuf er ihn. Als Mann und Frau schuf er sie«; 1. Korinther 3,16: »Wißt ihr nicht, daß ihr Tempel Gottes seid und der Geist Gottes in euch wohnt?«)

Jesus Christus lehrte uns, daß wir alle Gottes Kinder sind (Röm. 8,16: »Eben dieser Geist bezeugt es unserem Geist, daß wir Kinder Gottes sind.«) und daß alles, was der Vater hat, uns gehört. (Joh. 16,15: »Alles, was der Vater hat, ist mein.«) Er zeigte uns den Weg des Christus-Bewußtseins, den Weg der Liebe und der Vergebung. Wir mißverstanden jedoch seine Botschaft, anstatt sie zu leben und in uns zu verwirklichen. (Galater 2,20: »So lebe nun nicht mehr ich, es lebt in mir Christus.«)

Das Licht Gottes, das jetzt in diesem Zeitalter auf die Erde fließt, wird die Göttliche Herzenflamme in jedem Menschen aktivieren. Dies bedeutet Freiheit des Geistes, Erkennen der inneren Kraft und unseres Lebenszweckes. Das Heilige Christ-Selbst in uns wird die Führung der vier niederen Körper wieder übernehmen. Indem wir uns auf den *Christus in uns* ausrichten, leben wir das Christus-Bewußtsein und werden *Eins* mit der »ICH BIN« Gott-Gegenwart. Das ist in Wahrheit *Das Zweite Kommen Christi*. Dies geschieht jetzt, unter der Führung der allumfassenden Gegenwart des CHRISTUS, dessen strahlende Gegenwart alles Leben auf Erden umfängt.

2. Universales Gesetz: Wie oben – so unten. Erleuchtung

Alles, was oben ist, in den himmlischen Regionen der Vollkommenheit, wird auf die Welt der Form übertragen. Das bedeutet *Der Himmel auf Erden*.

Unserer Gott-Gegenwart war vor dem *Fall* der göttliche Plan bekannt. Wir sollten die Vollkommenheit der himmlischen Ebene hier auf Erden gestalten, das heißt, die elektronische Licht-Substanz durch unsere schöpferischen Fähigkeiten von Gedanken und Gefühl beeinflussen und somit in die Form bringen. Wir waren »Mit-Schöpfer« Gottes. Das war der Garten Eden.

Nach dem *Fall* und durch das Entstehen des Schleiers der Maya (Illusion), vergaßen wir unsere Gott-Gegenwart. Wir mißbrauchten die Licht-Energie, und es entstanden Angst, Krankheit, Chaos statt des »Himmels auf Erden«.

Die physische Ebene ist nur der Spiegel des Menschheits-Bewußtseins. Da jetzt die Schwingung stark erhöht wird, erhöht sich auch unser Bewußtsein. Durch die Vereinigung mit unserem Göttlichen Selbst, haben wir wieder Zugang zu den Ebenen der Erleuchtung. Die Göttliche Vollkommenheit wird von unserer Gott-Gegenwart dann in die physische Materie übertragen. So wird das 2. Universale Gesetz erfüllt werden: *wie oben – so unten*.

3. Strahl Rosa

3. Aspekt Gottes: *Göttliche Liebe*
3. Universales Gesetz: *Göttliche Liebe* – die zusammenhaltende Kraft des Universums.

ENERGIE UND EIGENSCHAFTEN DES 3. STRAHLES SIND:
Göttliche Liebe, Anbetung, Toleranz, Menschlichkeit, Ehrerbietung gegenüber allem Leben, Ausgeglichenheit des Emotional-Körpers – die heilige Substanz der Gefühlsnatur der Menschheit.

Sonnen-Zyklus: 21. Mai bis 20. Juni
Sternbild: Zwilling

Der 3. Strahl Gottes strahlt als rosa Licht durch die Atmosphäre der Erde und durch unsere Sonnen-Wirbelsäule im Bereich des Herz-Chakras.
Die Liebe ist die stärkste und größte Kraft. Sie ist die zusammenhaltende Kraft des Universums, die die Planeten, Sterne, Sonnen und unsere Erde magnetisch zusammenhält.

Liebe enthält alle positiven Eigenschaften, wie Glaube, Freundlichkeit, Hoffnung, Geduld, Vergebung, Mitgefühl, Barmherzigkeit, Hingabe, Selbstlosigkeit, Mut, Frieden, Glück, Freude und Schönheit. Wir können uns *für* die Liebe entscheiden. *Gott ist Liebe* – wir sind aus der Liebe geboren. (1. Joh. 4,7: »...denn die Liebe ist aus Gott, und jeder, der liebt, ist aus Gott geboren«; 1. Joh. 4,16: »Gott ist Liebe, und wer in der Liebe bleibt, der bleibt in Gott, und Gott bleibt in ihm.«)

Liebe ist Licht, und wenn wir in der Liebe sind, sind wir in Licht eingehüllt. *Liebe ist magnetisch.* Nichts kann der Schwingung der Liebe widerstehen oder sie ablehnen, denn sie ist die höchste Schwingung. Liebe überwindet Haß, Ärger, Einsamkeit, Traurigkeit und viele andere negative Gefühle. Wenn wir in der Liebe sind, können wir jede Situation in unserem Leben meistern, und durch Liebe können wir disharmonische Energien auflösen.

Das Liebes-Zentrum in uns ist in unserem Herzen. Die Dreifältige Flamme unseres Herzens, der Gottesfunken, strahlt links in Blau –

Göttliche Macht –, in der Mitte in Gold – Göttliche Weisheit – und rechts in Rosa – Göttliche Liebe. *Liebe, Weisheit* und *Macht* in vollkommenem Gleichgewicht. Die Flamme der Göttlichkeit in uns aktiviert durch das Einatmen das *Aufnehmen* der Göttlichen Vollkommenheit und beim Ausatmen das *Ausdehnen* und *Ausstrahlen* des Lichtes. Das Herz-Zentrum ist das Tor zu unserem inneren Königreich, der Quelle der Liebe in uns. (Lukas 17,21: »...das Reich Gottes ist in Eurer Mitte«.) Die Herzensflamme ist auch der innere Zugang zu unserer »ICH BIN« Gott-Gegenwart und dem Christus-Selbst – dem Christus-Bewußtsein – dem *Meister-Selbst* in uns.

Durch bewußtes und gleichmäßiges Ein- und Ausatmen können wir unsere Dreifältige Flamme und ihre Eigenschaften in uns aufnehmen, ausdehnen und ausstrahlen. Da Liebe *Licht* ist, verstärkt sich das Licht in uns und unserer Aura und verbindet sich mit der Lichtausstrahlung der anderen Menschen, so daß dann *ein Licht* entsteht. (Wie in der *Welt-Heilungs-Meditation* visualisiert.) Je mehr Menschen sich mit ihrer inneren Göttlichkeit verbinden, desto lichter wird es auf unserem Planeten.

Unser Ursprung ist Liebe. Wir sind aus der Liebe geboren. Auch wenn unser Körper fest erscheint, ist er Energie und zum größten Teil leerer Raum. Am Anfang war und ist er Liebe. Das ist eigentlich das einzige, was wirklich existiert – alles das, was Gott ist. In Wahrheit *sind* wir Liebe. Diese Liebe wird zum Licht, das sich aus Photonen zusammensetzt, die entweder Teilchen oder Wellen sind, je nachdem, welches Bewußtsein schöpferisch tätig ist. Alle Atome enthalten diese Teilchen aus reiner Energie; die Atome wiederum werden zu Molekülen. Aus den Molekülen entstehen dann die Zellen, Gewebe, Organe, Organsysteme und schließlich der menschliche Körper. Was liegt allem zu Grunde? Liebe = Licht.

Jeder Körper hat in und um sich ein elektro-magnetisches Feld. Dieses Kraftfeld besteht aus unseren Gedanken, Glaubenssystemen, Gefühlen, Handlungen sowie den Energien der vier niederen Körper. Es ist »magnetisch« und zieht die entsprechende »gleich schwingende« Energie an. Jeder Mensch hat sich sein elektro-magnetisches Feld selbst geschaffen. Besonders in zwischen-menschlichen Beziehungen wirkt sich dieses Feld aus. Je besser wir das verstehen, um so leichter ist es zu erkennen, daß unsere Beziehungen unser Bewußtsein spiegeln. Angenommen ein Mensch fühlt sich als Versager. Diese Versager-Energie wird in seinem Kraftfeld sein und zieht andere Menschen an, die auch diese Schwingung in ihrem Kraftfeld haben. Wenn sich diese beiden Kraftfelder berühren, verstärken sie sich. Beide Menschen werden sich sehr unwohl fühlen und denken: den mag ich nicht. Fühlt ein anderer Mensch sich gut und ist sein elektro-magnetisches Feld erfüllt von Liebe, wird er einen ähnlichen Menschen mit der gleichen Schwingung anziehen. Kommen diese beiden Kraftfelder in Berührung, mögen sich diese Menschen und fühlen sich wohl miteinander.

Da wir jedoch alle sehr viele, verschiedene Schwingungen aus unseren Erden-Erfahrungen in unserem Kraftfeld haben, sind auch deswegen die Beziehungen so schwierig. Manchmal kann auch positiv und negativ in uns aktiviert werden, so daß eine Liebe/Haß-Beziehung entsteht. Beziehungen dienen uns also für unser Wachstum. Das jeweilige Gefühl, das wir bei einer Person haben, spiegelt uns einen Aspekt von uns selbst. Wenn jemand *unseren Knopf drückt*, bedeutet es, daß eine bestimmte Energie in unserem Kraftfeld verstärkt wird, die uns nicht angenehm ist.

Durch diese Erkenntnisse ist es uns möglich, unsere Beziehungen in neuem Licht zu sehen. Durch die Violette Flamme (siehe 7. Strahl) können wir die Energien und unsere negativen Vorstellungen über uns selbst umwandeln. Vereinen wir uns mit unserer Gott-Gegenwart, verändern sich auch die Beziehungen. Unser Kraftfeld wird von *Liebe* erfüllt sein, und unsere Beziehungen werden sie widerspiegeln.

Fühle Liebe, denke Liebe, sprich liebevoll und tue alles in Liebe. Je mehr Liebe Du aussendest, desto mehr Liebe kommt zurück. Bevor wir jedoch irgend etwas oder irgend jemanden lieben können, müssen wir *uns zuerst selbst lieben*. (Liebe Deinen Nächsten, wie *Dein Selbst*!) Wenn Du Dich mit Deinem Göttlichen Selbst, der Christus-Gegenwart in Dir, verbindest und sie *durch Dich lieben läßt*, ist es einfacher, Dich selbst zu lieben. (Das hat nichts mit »egoistischer« Liebe zu tun!) Meistens können wir uns nicht selbst lieben, weil wir ein mangelndes »Selbstwert-Gefühl« haben, uns abgelehnt und wertlos oder als »Versager« fühlen. Dies ist nur die Meinung unseres

»menschlichen Egos«, und das fühlt sich getrennt von Gott. Wenn wir uns mit der Gegenwart Gottes in unserem Herzen vereinen, verschwinden diese Gefühle wie von selbst. Diese negativen Gefühle können nicht in der Gegenwart von *Gottes allumfassendem Licht der Liebe* bestehen und werden durch Licht umgewandelt.

Strahle das gleißende Licht der Liebe des in Dir *auferstehenden* Christus auf alles und alle aus, denen Du begegnest. Möge das Licht der Liebe unseren Geist erleuchten, so daß jeder erkennt: »ICH BIN« ein geliebtes Kind Gottes.

3. Universales Gesetz: Göttliche Liebe

Die zusammenhaltende Kraft des Universums.

Göttliche Liebe ist die zusammenhaltende Kraft des Universums. Jegliche Schöpfung wurde von der Kraft der Liebe erschaffen. Göttliche Liebe ist der einzige Grund für das »*Mensch-Sein*«. Gott individualisierte sich selbst, damit sich die Göttliche Liebe durch jedes Individuum ausdehnen möge. Nur die Liebe Gottes erhält uns, eine Liebe, die wir uns überhaupt nicht vorstellen können.

Um dieses Gesetz zu erleben, müssen wir ihre Strahlung durch unsere Herzensflamme anrufen. Wenn wir etwas in Liebe und Freude tun, erfahren wir ein »Glücksgefühl« in unserem Herzen. Die Liebe wird unsere Herzensflamme ausdehnen, und das Licht, das von uns ausstrahlt, wird alles Leben segnen. Die Kraft der Göttlichen Liebe wird uns zurückziehen in die *eine große Quelle aller Liebe.*

Übungen und Anrufungen zum 3. Strahl Gottes Rosa

Projiziere Deine Gott-Wirklichkeit mit dem Heiligen Atem in Deine physische Herzensflamme (2)

Atme dreimal langsam ein und aus. *Fühle den Heiligen Atem.* Begib Dich dann in die Heilige Gegenwart der Dreifältigen Flamme in Deinem Herzen.

A) Atme langsam und tief ein, während Du über Dein Höheres Selbst – Deine Gott-Gegenwart – nachsinnst. Halte den Atem für einen Moment an, und werde zu Deiner Gott-Gegenwart.
B) Beim langsamen, kontrollierten Ausatmen affirmierst Du: »ICH BIN«. »Bewußt atme ich das Göttliche Muster meiner Wahren Gott-Wirklichkeit in meine Herzensflamme.« (Wiederhole drei Mal)

A) Atme wieder tief ein, besinne Dich dabei auf Deinen Kausal-Körper (der alle guten Taten enthält). Halte den Atem kurz an, und werde zu Deinem Kausal-Körper.
B) Beim langsamen, kontrollierten Ausatmen affirmierst Du: »ICH BIN«. »Bewußt atme ich das volle Kraftfeld meines Kausal-Körpers in meine Herzensflamme.« (Wiederhole drei Mal)

A) Atme langsam und tief ein, besinne Dich dabei auf Deinen höheren Mental-Körper, Dein Heiliges Christ-Selbst. Halte den Atem kurz an, und werde zu Deinem Heiligen Christ-Selbst.
B) Beim langsamen, kontrollierten Ausatmen affirmierst Du: »ICH BIN«. »Bewußt atme ich die Liebesnatur meines Heiligen Christ-Selbst in meine Herzensflamme.« (Wiederhole drei Mal.).

Wiederhole die Übung zwei- bis dreimal. Dadurch wird die Herzensflamme mehr zur Wirklichkeit Deiner beständigen Gottes-Natur. (2)

Anrufung an die Kraft der Göttlichen Liebe (2)
»Geliebte Höchste Gegenwart in allem Leben, in Dein Ewiges Herz der Liebe versenke ich mich jetzt und für immer. Bewußt ergebe ich mich, um mit der Liebes-Natur Deines Wesens vereint zu sein, bis »ICH BIN« ein Brennpunkt der Liebe – ein lebendiges Juwel in Deiner Krone der Anbetung.

Der Weg, den ich im Leben gehe, führt nur zur *Liebe*. Mein physischer Körper, der erfüllt ist von *Liebe*, wird strahlend und unbesiegbar. Mein ätherischer Körper strahlt Liebe aus und verwandelt die Vergangenheit. *Liebe* in meinem Verstand drückt *Deine Göttlichen Gedanken* aus. *Liebe* in meinen Gefühlen bestätigt, daß Gott die einzig tätige Macht ist. Ich denke, fühle und erinnere nur Liebe. Ich weiß, daß Gott durch mich wirkt und die *Kinder der Liebe* ausstrahlt – wie Liebe, Frieden, Zufriedenheit, Glückseligkeit, Sicherheit, Gesundheit und Fülle in meinem Leben, das ich versprochen habe, durch *Liebe zu befreien*.

In diesem erwachten Bewußtsein der *Liebe* wird mein Geist zum Heiligen Geist. »ICH BIN« die Liebe Gottes. Mit Liebe ziehe ich Gottes Segen an, und in Liebe strahle ich den Segen aus. »ICH BIN« der Geist der Liebe, der jegliche Form durchdringt und alles zurück ins *Ganze* führt.

Ich fühle den Pulsschlag der Liebe in allem Leben und die Ausdehnung der Liebe in alle Erfahrungen, die ich je kannte. Alles ist Liebe. »ICH BIN« aus der Liebe geboren. »ICH BIN«. Ich wachse in der Entwicklung durch die Liebe. Ich werde in die Liebe aufsteigen. »ICH BIN« ALL-LIEBE. »ICH BIN« DANKBAR. SO SEI ES. »ICH BIN«!« (2)

4. Strahl Weiß

4. Aspekt Gottes: *Reinheit, Auferstehung*
4. Universales Gesetz: *Schwingung* – alles, was existiert, ist in fortwährender, ewiger Bewegung. Die Auferstehung der Materie zur Reinheit.

ENERGIE UND EIGENSCHAFTEN DES 4. STRAHLES SIND:
Reinheit, das Makellose Konzept, Hoffnung, Wiederherstellung, Auferstehung, der heilige Atem, die heilige Substanz der Denk-Natur des Menschen.

Sonnen-Zyklus: 20. April bis 20. Mai
Sternbild: Stier

Der 4. Strahl Gottes strahlt als weißes Licht durch die Atmosphäre der Erde und durch unsere Sonnen-Wirbelsäule im Bereich des Wurzel-Chakras.
In jedem Elektron, das um den Kern eines Atoms kreist, ist die Schwingung der *Reinheit* und der göttlichen Vollkommenheit enthalten. Die Atome sind die Bausteine aller Materie. Auch unsere physischen, ätherischen, mentalen und emotionalen Körper bestehen daraus. Jedes Elektron ist intelligente Lebenskraft. Wie schon zuvor

erwähnt, strömen diese Elektronen in unsere Herzensflamme. Durch disharmonische Gedanken und Gefühle unsererseits sammelt sich eine dunkle Substanz um das Elektron an. Die Reinheit Gottes ist jedoch noch voll vorhanden und wartet darauf, befreit zu werden, damit sie den göttlichen Plan erfüllen kann.

Der Strahl wird beim Aufsteigen zur Flamme. Und so wurde uns ein Gnadengeschenk Gottes, die *Auferstehungs-Flamme* gegeben. Die Flamme hat eine perlmutt-farbige Ausstrahlung. Wenn sie angerufen und regelmäßig gebraucht wird, versorgt sie jedes Elektron unseres Wesens mit lebensspendender Energie. Die *Auferstehungs-Flamme* beschleunigt die Schwingungsfrequenz des Lichtes in den Zellen unseres Körpers und den anderen niederen Körpern. Dadurch verstärkt sich das innere Licht. Es ist uns die Fähigkeit gegeben, die Auferstehungs-Flamme in unsere Herzensflamme hineinzubeziehen und sie mit dem Heiligen Atem in unser Wesen und in unsere Umwelt auszustrahlen. Unser Göttlicher Plan wird auferstehen. Um die Kraft der Perlmutt-Flamme optimal zu nutzen, sollten wir sie mindestens einmal innerhalb 24 Stunden anrufen und uns in ihr baden, damit ihre Ausstrahlung die Vollkommenheit der Elektronen unserer vier niederen Körper wieder herstellt.

Wir brauchen uns nur im Frühling die Auferstehung in der Natur anzusehen. Alles sprießt, blüht und grünt. Auch wir können diese Kraft der Auferstehung nutzen, die am Ostermorgen ihren Höhepunkt erreicht, um unsere latenten Fähigkeiten und unser göttliches Erbrecht auferstehen zu lassen.

Werde Eins mit dem Christus in Dir, Deinem Christ-Selbst, und laß ihn in Dir auferstehen. Das Königreich Gottes ist in Dir. Richte Deine Aufmerksamkeit auf *den Vater in Dir*. In unseren Herzen regiert nur der Wille Gottes. Da dieser Wille Vollkommenheit ist, kann sich nur Vollkommenheit manifestieren. Jedoch »wo unsere Aufmerksamkeit ist, dort sind wir, und worauf wir unsere Aufmerksamkeit richten, das verstärken wir und ziehen es in unser Leben«. Wir müssen also jeden Tag wachsam sein und aufpassen, wo unsere Aufmerksamkeit ist. »Was fühle oder denke ich gerade?« »Möchte ich dies verstärken und in mein Leben ziehen?« Nicht mein Wille geschehe, sondern Dein Wille.

Das *Makellose Konzept* oder das *Makellose Bild*, ist das Göttliche Muster der Vollkommenheit, das in jedem Lebensteilchen enthalten ist, das aus dem Herzen Gottes kommt. Auch in unsere Herzen ist das Göttliche Muster eingepflanzt. Die Flamme des Makellosen Bildes ist kristall-weiß mit madonnen-blauer Ausstrahlung.

Jesus Christus übermittelte der Menschheit, daß die Auferstehung das größtmögliche Ziel für jeden ist. (Joh. 14,12: »Wer an mich glaubt, wird auch selber die Werke tun, die ich tue, und noch größere als diese wird er tun, denn ich gehe zum Vater...«) Die Auferstehung oder der Aufstieg in das Licht, in die elektronische Gegenwart des »ICH BIN«, ist das höchste Ziel für jeden Lebensstrom und bedeutet, für immer *frei* von Begrenzungen, Kampf oder Disharmonie zu sein.

Wenn wir also unser Kraftfeld (unsere Elektronen in unseren vier niederen Körpern) reinigen, wird die Schwingungsfrequenz der Elektronen erhöht, so daß wir in die Vollkommenheit der Göttlichen Gegenwart »ICH BIN« aufsteigen. Das ist die *Auferstehung* oder der *Aufstieg*.

Es ist also von größter Bedeutung, daß wir die Elektronen/Energie nicht mehr durch negative Gedanken, Gefühle, Worte oder Handlungen verschmutzen, sondern lernen, die niederen Körper zu beherrschen und sie damit durch unseren Befehl in die »ICH BIN« Gegenwart auferstehen zu lassen. (Siehe Übung *Beherrschung der vier niederen Körper* auf Seite 94.)

»ICH BIN« DIE AUFERSTEHUNG UND DAS LEBEN.

4. Universales Gesetz: Schwingung

Alles, was existiert, ist in fortwährender Bewegung. Jeder Gegenstand, jede Pflanze, jeder Stein oder Mensch strahlt eine bestimmte Schwingung aus und beeinflußt dadurch das Umfeld, die Erde und das Universum. Je langsamer die Schwingung, desto schwerer oder dichter die Materie oder Form. Je höher die Schwingung, um so verfeinerter die Form.

Wir sind multi-dimensionale Wesen, das heißt, wir können gleichzeitig in verschiedenen Dimensionen wirken. Nur sind die höheren Dimensionen unseren begrenzten Sinnen verborgen, da sie höhere Schwingungsfrequenzen haben als wir. Wir sind auf dieser Erde, um *Meister von Energie und Schwingung* zu werden. Aufgrund des Freien Willens hatten und haben wir die Wahl, die Elektronen mit einer bestimmten Schwingung aufzuladen. Durch negative Gedanken und Gefühle wird die Schwingung langsam und schwer. Benutzen wir unsere Lebensenergie, die elektronische Lichtsubstanz, jedoch harmonisch und konstruktiv nach dem Göttlichen Plan, werden wir zum *Mitschöpfer* Gottes. Dies ist ein weiterer Schritt auf dem Weg der Selbst-Meisterschaft. Wir haben also die Möglichkeit, die Schwingung zu verändern. Sind wir bereit, neue Glaubens- und Gefühlsmuster anzunehmen, wird die Schwingung entsprechend verändert. Verharren wir jedoch im Alten, ist es so, als ob alles erstarrt. Auf die Erde kommen jetzt neue, hohe Schwingungen, die unser Wachstum und unseren Aufstieg beschleunigen. Wir haben wiederum die Wahl, uns *mit einzuschwingen* und anzupassen, oder große Probleme zu haben, wenn wir uns wehren. Es ist viel leichter, sich von der Strömung eines Flusses tragen zu lassen, als gegen die Strömung anzukämpfen. Nimm die neuen Schwingungen und Möglichkeiten mit Freude an und Du wirst sehen, wieviel leichter alles ist. Wenn wir die elektronische Lichtsubstanz, die wir zur Verfügung haben, mit der Göttlichen Vollkommenheit aufladen, werden wir bald die Vollkommenheit außen sehen, und der Aufstieg des Planeten und all seiner Lebensformen beginnt.

Übungen und Anrufungen zum 4. Strahl Gottes Weiß

Beherrschung der vier niederen Körper (1)

Wenn wir uns in uns selbst entschieden haben, daß wir bewußt in unsere Gott-Gegenwart auferstehen und auch innerhalb der Aura und des Bewußtseins dieser Gott-Gegenwart »ICH BIN« bleiben wollen, müssen wir uns von unseren vier niederen Körpern lossagen und sie als ein Fahrzeug erkennen, durch welches sich unser Göttliches Selbst auf der physischen Ebene ausdrücken will. Unser Bewußtsein, zentriert innerhalb der »ICH BIN« Gott-Gegenwart, erhält und führt unsere vier niederen Körper aufwärts, auch wenn sie gelegentlich in alte Gewohnheiten oder Muster zurückfallen wollen. Wir müssen dann innehalten und das »Herunterfallen« unserer Körper aufhalten, indem wir freundlich, aber bestimmt, jedem Körper befehlen: »Komm, wir wollen auferstehen und uns in die Gott-Gegenwart »ICH BIN« begeben.«

Wenn sich unser Mental-(Gedanken-)Körper unreinen oder unvollkommenen Gedanken hingibt, müssen wir bewußt befehlen:

»Mental-Körper, erhebe Dich, und begib Dich in die Gegenwart Gottes »ICH BIN«!« Negative, unvollkommene Gedankenmuster können nicht in der Gott-Gegenwart »ICH BIN« aufrechterhalten werden.

Wenn unsere Gefühlswelt durcheinandergerät und wir disharmonische Gefühle ausstrahlen, müssen wir bewußt befehlen: »Emotional-Körper (Gefühls-Körper), erhebe Dich, und begib Dich in die Gegenwart Gottes ICH BIN!« In der Gott-Gegenwart »ICH BIN« können nur harmonische, friedvolle, glückliche und konstruktive Gefühle wohnen.

Wenn in unserem ätherischen Körper alte Erinnerungen des Leides, des Unglücks und des Schmerzes aufsteigen, müssen wir bewußt befehlen: »Ätherischer Körper, erhebe Dich, und begib Dich in die Gegenwart Gottes »ICH BIN«!« Innerhalb der »ICH BIN« Gegenwart spiegelt sich nur der Glanz Gottes wider.

Wenn unser physischer Körper Krankheit, Leidenschaft, Streß, Begierde oder Disharmonie jeglicher Art erlebt, müssen wir ihm bewußt befehlen: »Physischer Körper, erhebe Dich, und begib Dich in die Gegenwart Gottes »ICH BIN«!« In der Gott-Gegenwart »ICH BIN« wird der Leib in Licht umgewandelt.

Nach und nach werden unsere Körper unserem Befehl gehorchen, genauso wie Kinder ihren weisen Eltern folgen. Unpersönlich, aber entschieden, erhebt die Gott-Gegenwart den bestimmten Körper, der seinen Entschluß, sich in die Gott-Gegenwart zu erheben und dort zu verbleiben, gelegentlich vergißt. Immer wieder müssen wir den Befehl liebevoll und geduldig wiederholen. Nach und nach wird sich die Glückseligkeit, der Frieden, die Kraft und Vollkommenheit unserer »ICH BIN« Gott-Gegenwart in unseren physischen, ätherischen, mentalen und emotionalen Körpern einprägen, so daß sich keiner der Körper mehr in den Verlockungen der Disharmonien der Schein-Welt verirrt.

Das ist der Vorgang der Auferstehung!

Anrufung der »Auferstehungs-Flamme« der Reinheit
»*Im Namen meiner Göttlichen Gegenwart* »ICH BIN« rufe ich die Perlmutt-Flamme der Auferstehung an und bitte sie, zur Reinigung durch die Elektronen meiner vier niederen Körper *zu lodern, zu lodern und zu lodern,* und das Makellose Bild jedes Elektrons wieder zum Strahlen zu bringen.« (drei Mal)

»ICH BIN« DIE AUFERSTEHUNG UND DAS LEBEN (drei Mal)

5. Strahl grün

5. Aspekt Gottes: *Wahrheit*
5. Universales Gesetz: *Das Gesetz der Zyklen,* das Ein- und Ausatmen der Existenz, Widmung und Weihung des Lebens.

ENERGIE UND EIGENSCHAFTEN DES 5. STRAHLES SIND:
Erleuchtete Wahrheit, inneres Sehen, Weihung, Konzentration, Heilung, Hingabe, das All-sehende Auge Gottes, Ermächtigung aller Gott-Eigenschaften auf der Erde.

Sonnen-Zyklus: 20. März bis 19. April
Sternbild: Widder

Der 5. Strahl Gottes strahlt als grünes Licht durch die Atmosphäre der Erde und durch unsere Sonnen-Wirbelsäule im Bereich des Stirn-Chakras.

Der grüne Strahl ist der Strahl der Heilung und Wahrheit. Wenn Du einen Spaziergang durch grüne Wiesen oder die Wälder machst,

»Das Göttliche Selbst« von AEONA

merkst Du, wie Du von den Kräften der Natur gestärkt, aufgeladen und geheilt wirst. Grün ist sehr beruhigend und fördert das Wachstum. Auch Konzentration ist eine der Eigenschaften dieses Strahles. Wollen wir etwas vollbringen, brauchen wir Konzentration.

Wenn wir effektiv die vereinten Eigenschaften des 5. Aspektes Gottes gebrauchen, wird sich der Bibelspruch »Ihr werdet die Wahrheit erkennen, und die Wahrheit wird euch befreien« (Joh. 8,32) erfüllen.

5. Universales Gesetz: Das Gesetz der Zyklen

Das Ein- und Ausatmen der Existenz, Widmung und Weihung des Lebens.

Das Leben und die Schöpfung verlaufen in genauen Zyklen. Einer der Zyklen ist unser Atem. Das *Einatmen* bewirkt Anziehung, Aufnahme und Zusammenziehung, das *Ausatmen* Ausstrahlung, Ausdehnung und Projektion. Wir unterliegen dem Prozeß der Involution = Ausatmen und Evolution = Einatmen. Auch die Zyklen in der Natur, Ebbe und Flut, die Jahreszeiten, Tag und Nacht, Tod und Geburt, Sonnen-Auf- und Untergang, Ursache und Wirkung, Geben und Empfangen, Wachen und Schlafen, Aktivität und Ruhe, spiegeln uns Ein- und Ausatmen.

Mit dem Einatmen erfüllen wir unser Wesen mit der ganzen Kraft und Vollkommenheit unserer »ICH BIN« Gegenwart, und mit dem Ausatmen strahlen wir die Vollkommenheit aus und segnen damit alles Leben. Wenn wir im Gleichgewicht mit diesen zwei Zyklen sind, erfüllen wir unseren Göttlichen Plan.

Die Höchste Einweihung in das Christ-Sein (1)

Für die Übersetzung und den Abdruck der nachfolgenden *Höchsten Einweihung* erhielt ich die Genehmigung der Autorin, Patricia Diana Cota-Robles von der New Age Study of Humanity's Purpose, Tucson, Arizona, USA. Dafür bin ich sehr dankbar und freue mich, daß diese Einweihung nun vielen Menschen im deutschsprachigen Raum zugänglich gemacht wird. Sie ist besonders kraftvoll und wird Dein Leben verändern.

Die Höchste Einweihung wurde der Menschheit als gnadenvolles Geschenk der Göttlichen Liebe offenbart. Diese Einweihung dient dazu, die Elementar-Wirbel (der fünf Elemente) innerhalb unserer vier niederen Körper zu erwecken. Im Verlauf der Einweihung wird die Schwingung eines jeden dieser vier Körper wieder zurück in den Lichtkörper unseres Heiligen Christ-Selbst angehoben.

Die Elementar-Wirbel werden dann, wie ursprünglich vorgesehen, für grenzenlose physische Vollkommenheit unserer vier niederen Körper sorgen. Dieses heilige Wissen dürfen wir mit tiefster Demut, Ehrerbietung und Hochachtung annehmen und es *nur* gemäß den Anweisungen anwenden. Wohl wissend, daß sich das Gesetz des Kreises sofort und gerecht erfüllen wird, wenn wir diese Wahrheit zur Selbst-Verherrlichung benutzen oder um unser Ego zu verewigen. Bevor wir mit der Einweihung beginnen, sollten wir für Veränderungen in unserem Leben vorbereitet sein. Das strahlende Licht unserer Gott-Gegenwart wird klar die Illusionen und Täuschungen unserer verworrenen Glaubenssysteme aufdecken.

Frage Dich unbedingt bevor Du beginnst:

> BIN ICH BEREIT, MICH DEN LODERNDEN EBENEN DER ERLEUCHTETEN WAHRHEIT ZU ÖFFNEN?
>
> BIN ICH BEREIT, EINS ZU WERDEN MIT DER GEGENWART GOTTES, DIE IN MEINEM HERZEN PULSIERT?
>
> BIN ICH BEREIT, MEIN LEBEN UND MEINE PHYSISCHE WIRKLICHKEIT ZU TRANSFORMIEREN?

Wenn der innerste Teil Deines Wesens all die Fragen mit *Ja* beantwortet, DANN, UND NUR DANN kannst Du mit der Einweihung beginnen.

Die Höchste Einweihung (1)

Alles, was im Universum existiert, ist Schwingung aus dem Spektrum Lebendigen Lichtes. Schwingung ist eigentlich das Gesetz des Universums, und alles Leben atmet und drückt die essentielle Natur der Schwingung durch Rhythmus aus.

Damit wir uns in die Schwingung und den Rhythmus des Universums einstimmen können, ist es notwendig, die Technik des *ausgewogenen Atmens* zu meistern. Unsere Fähigkeit, die Schwingung unserer Gott-Gegenwart zu erreichen, ist von diesem ausgewogenen Atmen (gleichmäßigem Atmen) abhängig.

Wenn wir unseren Verstand für die Existenz der Prana-Energie, auch Atem des Heiligen Geistes genannt, öffnen, werden wir uns dieser Gegenwart bewußt. Mit jedem Atemzug absorbieren wir die vitale Kraft des Lebens, und unsere Gesundheit und unser Leben sind davon abhängig. Innerhalb unserer feinstofflichen Körper gibt es spezialisierte Zentren, die als Kraftfelder dienen, um diese Heilige Essenz anzuziehen und auszustrahlen. Diese Zentren sehen aus wie wirbelnde Strudel aus konzentriertem Licht und sind separat von unserem Chakra-System. Sie vibrieren in einer höheren Schwingung als unsere vier niederen Körper (physischer, ätherischer, emotionaler und mentaler Körper) und haben Bezug zu den fünf Elementen: Äther (Geist), Luft, Feuer, Wasser und Erde. Bis zu der Veränderung während der Harmonischen Konvergenz funktionierten die Zentren nur in der vierten Dimension. In der physischen Ebene wurden sie als *schlafend* angesehen. Durch die Schwingungs-Beschleunigung des Planeten am 17. August 1987 bewegten wir uns näher in die vierte Dimension. Wir wurden nicht nur mit der Solaren Wirbelsäule, unserer »ICH BIN« Gegenwart und den 12 Aspekten der Gottheit ins Gleichgewicht gebracht, sondern es erwachten auch die fünf Sphären der Elementar-Energie in unseren vier niederen Körpern, die in unserer Gott-Gegenwart lodern. Diese fünf Elementar-Sphären ziehen dauernd hoch-geistige Energie aus den Oktaven der Vollkommenheit an, die *jetzt* in die elementare Substanz unserer vier niederen Körper freigesetzt wird.

Jedes Zentrum stellt die Kraft des Heiligen Feuers, den Atem des Heiligen Geistes dar. Wenn diese Zentren durch die *Höchste Einweihung* aktiviert werden, erfahren wir eine Transformation auf der atomaren-zellularen Ebene in unseren physischen, ätherischen, mentalen und emotionalen Körpern. Die fünf elementaren Sphären sind empfangende Kraftfelder, die Energien vom Heiligen Geist über den Heiligen Atem erhalten. Es ist eine *weibliche Energie-Kraft*, die jetzt stärker als jemals zuvor aktiviert wird, um die Natur des Weiblichen Strahles der Ausgeglichenheit und der Harmonie auf seinem Weg durch alles Leben zu beschleunigen.

Die Höchste Einweihung ist eine Methode, wobei die Elementar-Zentren, in Übereinstimmung mit dem Göttlichen Plan eines jeden, bewußt zu ihrer schwungvollsten Tätigkeit erweckt werden. Es ist sehr wichtig, daß dieser *Erweckungs-Prozeß langsam* und *gründlich* erfolgt. Damit wir die Höchste Einweihung vollbringen, müssen wir ständig *Göttliche Wahrheit* in unserem täglichen Leben manifestieren. Jeder von uns muß nach innen gehen und sich ernsthaft anstrengen, diese geistigen Wahrheiten, die wir jetzt bewußt aus der vier-dimensionalen Ebene empfangen, zu praktizieren. Die Höchste Einweihung ist die Einweihung in die Wirklichkeit unseres wahren Wesens. Diese Einweihung kann nicht durch den Intellekt vollbracht werden. Sie kann *nur* durch das beständige Praktizieren des sich bewußt in der Gegenwart Gottes Befindens, erreicht werden.

Der Schleier ist gelüftet. Jetzt werden wir durch das Öffnen unserer Herzen, durch unsere Anrufung des Lichtes und unsere Hochachtung für alles Leben zur Gott-Erleuchtung auf Erden – dem Christus – werden.

Die Transformation findet auf der atomaren-zellularen Ebene statt. Folglich, da die manifestierte Form aus den fünf Elementen besteht, werden wir durch die Stufen der Höchsten Einweihung *Christ-Sein* erleben.

Durch diese Heilige Einweihung wird jeder von uns die Materie besiegen. Unsere Körper, als Ausdruck der Erde, werden dann in Licht verwandelt. Wir werden dann »in der Welt sein, aber nicht von ihr«. Wir werden Christ-Sein und das himmlische Leben der Schönheit und Harmonie in jeder einzelnen Facette manifestieren. Wir werden mit dem Wissen, das über das Verstehen unseres bewußten Verstandes hinausgeht, affirmieren:

»ICH BIN« eine Sonne/Sohn... Meine Liebe ihr Licht.

»ICH BIN« eine Kraft Gottes, die sich auf diesem Planeten bewegt.

»ICH BIN« Eins mit allem Licht, dem großen
Universalen Bewußtsein.

Schritt eins der Höchsten Einweihung: Der gleichmässige Atem
Die Dreifältige Flamme, die in jedem menschlichen Herzen pulsiert, reflektiert die Dreifältige Tätigkeit Gottes – die Heilige Dreieinigkeit. Die Menschheit drückt durch diese Flamme die Vollkommenheit Gottes in der Welt der Form aus.

Beginn der Übung:
Sitze aufrecht, die Wirbelsäule möglichst gerade und entspanne Deinen Körper. Wir konzentrieren uns auf unsere Atmung und zählen sanft im Geist die Dauer unseres Atems beim Einatmen und beim Ausatmen. Wir gleichen die Dauer des Einatmens der Dauer des Ausatmens an, so daß Ein- und Aus-Atem von gleicher Dauer sind. Wenn wir diesen gleichmäßigen Atem erlangt haben, erfahren wir in uns, daß wir mit der Harmonie des Universums in Gleichklang sind. Nach einigen Minuten dieses gleichmäßigen Atmens *fühlen* wir, wie die Lebenskraft in unserem Körper wächst und sich ausbreitet. Das ist Prana-Energie oder der Atem des Heiligen Geistes. Dieser Heilige Atem ist die vitale, lebenserhaltende Essenz, die alles Leben durchdringt und erhält. Wir sollten keine bewußte Kontrolle auf den Atem ausüben, sondern entspannt die Technik des gleichmäßigen Atmens üben, bis wir eine klare Wahrnehmung haben. Indem wir dies tun, akzeptieren und wissen wir, daß der Atem der wesentlichste Prozeß des Lebens ist.

Erst nachdem wir die Vitalität des Heiligen Atems durch die Übung des gleichmäßigen Atmens fühlen, können wir mit Schritt zwei fortfahren:

Schritt zwei der Höchsten Einweihung: Der Äther/Geist-Wirbel
Wir sind jetzt eingehüllt in ein Kraftfeld des Schutzes. Wir sind im Frieden. Wir sind zentriert. Wir sind Eins mit allem Leben.

In dieser Harmonie fühlen wir, wie die vitale Lebenskraft des Heiligen Geistes durch unser Wesen strömt. Diese Essenz erhebt uns auf eine höhere Bewußtseinsstufe.

Jetzt konzentrieren wir unser ganzes Bewußtsein auf die Dreifältige Flamme in unserem Herzen – dem wahren Zentrum unseres

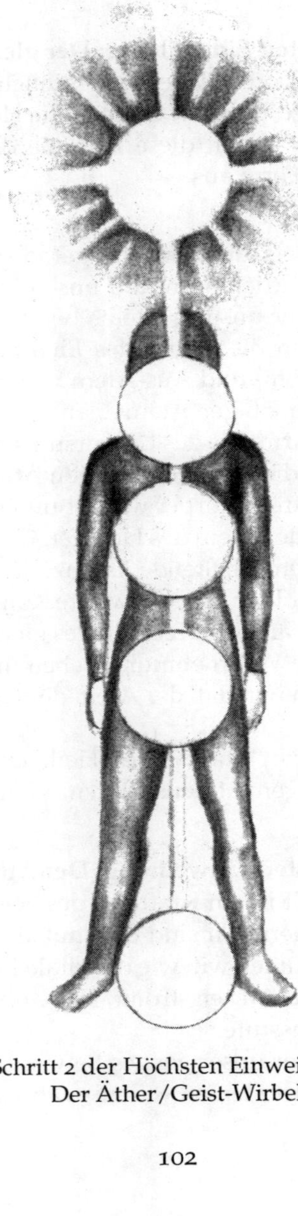

Schritt 2 der Höchsten Einweihung:
Der Äther/Geist-Wirbel

Wesens. Unsere Sinne sind nach innen gerichtet. Mit jedem Atemzug dringen wir tiefer und tiefer in die Göttlichkeit in uns.

Wenn wir uns vollkommen zentriert in unserer eigenen Göttlichkeit fühlen, richten wir unsere Aufmerksamkeit langsam nach oben bis 30cm über unserem Kopf. Dort nehmen wir einen Punkt aus strahlendem, glitzerndem, vibrierendem weißen Licht wahr. Mit der ganzen Kraft unserer Göttlichkeit senden wir die Affirmation in das Zentrum dieses Lichtpunktes:

»ICH BIN« DAS »ICH BIN«

Bei jedem *Einatmen* bestätigen wir in den Äther/Geist-Wirbel über unserem Kopf »ICH BIN« DAS »ICH BIN«. Bei jedem *Ausatmen* stellen wir uns vor, wie dieser zentrale Lichtpunkt zu einer strahlenden, lodernden Sonne erwacht. Sie vergrößert und verstärkt sich in ihrer Intensität, bis sie zu einem kreisenden, pulsierenden Lichtstrudel wird.

In der Stille fahren wir fort, unsere Affirmation (Bestätigung) in den Äther-Wirbel zu intonieren. Wir fühlen, wie die erwachende geistig-spirituelle Energie in unser Bewußtsein strahlt und unser ganzes Wesen mit reiner Lebenskraft durchflutet. Diese Erfahrung ist kraftvoll und intensiv. Tatsächlich erwachen wir in uns, im Zentrum reiner, geistiger Intelligenz. Jede Zelle und jedes Atom in unserem Körper ist beeinflußt und antwortet. In diesem erhöhten Bewußtsein verändert sich unsere Sicht der Wirklichkeit. Wir lösen uns von unseren Verhaftungen in der Welt der Illusion. Nach und nach nehmen wir die Vollkommenheit von Gottes Willen durch das Chaos wahr.

Während dieser Zeit des Erwachens des Äther/Geist-Wirbels, erkennen wir, daß wir einen Teil unseres Wesens aktivieren, welcher geschlafen hat. Dieser Prozeß bewirkt, daß eine Flut aus reinem Licht in unser Bewußtsein einfließt.

Um dieses Zentrum vollständig zu aktivieren, müssen wir diese Übung **sieben Tage lang jeweils mindestens 15 Minuten** durchführen. Es ist ganz wichtig, daß wir dieses Zentrum vollständig erwekken. Der Göttliche Plan für die ganze Schöpfung ist, daß sich die Vollkommenheit des Makellosen Bildes in der physischen Ebene der Materie widerspiegelt. Durch diesen Prozeß findet die Auferstehung der Materie in der Göttlichen Matrix statt.

DER LICHT-KÖRPER – ÄTHER-GEIST:

Durch die vorstehende Übung wird der geistige Licht-Körper aktiviert. Wenn wir den folgenden Leitfaden in uns aufnehmen und anwenden, wird dieser Schritt der Höchsten Einweihung erfüllt.

Leitfaden für meine Vollkommenheit

1. »ICH BIN« die Erneuerung meines Verstandes.
2. »ICH BIN«. Ich erweitere meine Ansicht über mich selbst, um mich so zu sehen, wie mich Gott sieht – strahlend vor Gesundheit, erfüllt von Freude und Frieden.
3. »ICH BIN« ganz, vollkommen und vollständig.
4. »ICH BIN«. Ich meditiere täglich über mein Göttliches Urbild.
5. Ich erledige meine Aufgaben mit einem erhöhten Bewußtsein von Gesundheit und Wohlsein.
6. Ich lebe die *Wahrheit* der Gesundheit.
7. »ICH BIN« die Neuprogrammierung meines Bewußtseins auf der mentalen Ebene. »ICH BIN«. Ich stärke meine Gesundheit in der Welt der Form.
8. Meine Gedanken und Handlungen sind harmonisch und ausgeglichen.
9. Ich esse richtig und betätige mich körperlich. Ich affirmiere vollkommene Gesundheit, wissend, daß die Gesundheit meines Körpers meinen Geist widerspiegelt. Mein Körper ist das physische Bild meiner geistigen Atmosphäre.
10. »ICH BIN« mir der vollkommenen Wechselbeziehung meines Verstandes, Körpers und Geistes bewußt, die das Wohlsein in mir erschaffen.
11. Meine Gott-Gegenwart nimmt nur Vollkommenheit in mir wahr. Es ist der Wille Gottes in individuellem Ausdruck.
12. »ICH BIN« und sehe meine vier niederen Körper – den physischen, ätherischen, mentalen und emotionalen, so wie meine Gott-Gegenwart sie sieht: vollkommen und erhoben in meinen *Licht-Körper*. Mein Leben ist Gottes Leben, und Gottes Leben ist vollkommen.

Schritt drei der Höchsten Einweihung: Der Luft-Wirbel

Nachdem wir an sieben aufeinanderfolgenden Tagen den Äther/

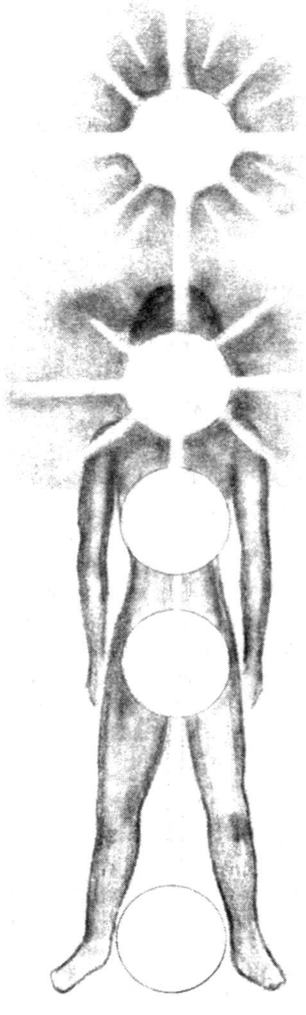

Schritt 3 der Höchsten Einweihung:
Der Luft-Wirbel

Geist-Wirbel aktiviert haben (mindestens 15 Minuten pro Tag), können wir mit dem nächsten Schritt fortfahren.

Die Höchste Einweihung erfolgt immer in geordneter Folge, das heißt, Schritt drei beginnt mit der Wiederholung von Schritt eins und zwei wenige Minuten lang. Nachdem wir in der Stille »ICH BIN« das »ICH BIN« für einige Minuten in den Äther/Geist-Wirbel intoniert haben, visualisieren wir eine Säule aus reinem, weißem, strahlendem Licht, welche aus der Sphäre über unserem Kopf, in einen Punkt aus strahlendem Licht in unserem Hals-Zentrum einfließt. Wir fühlen, wie das Einfließen des Lichtes den Lichtpunkt in eine strahlende, kreisende Sonne ausdehnt. Mit der vollen Kraft unserer Göttlichkeit intonieren wir still in den erwachenden Luft-Wirbel in unserem Hals die Affirmation:

»ICH BIN« DER ATEM DES HEILIGEN GEISTES

Bei jedem Einatmen intonieren wir die Affirmation in den Luft-Wirbel, und bei jedem Ausatmen erwacht diese Sphäre und verwandelt sich in eine strahlende Sonne.

Dieses Zentrum muß auch mindestens 15 Minuten jeden Tag an sieben aufeinanderfolgenden Tagen aktiviert werden. Wir werden in ein höheres Bewußtsein erhoben, und unsere Fähigkeit, uns klar auszudrücken, wird verbessert. Wir entdecken neue Wege der Kommunikation und sind in der Lage, unpassende Worte aus der Vergangenheit zu unterlassen. Unser altes Glaubenssystem, das nicht mehr in unser gegenwärtiges Stadium des Wachstums paßt, wird uns bewußt werden, so daß wir die Gelegenheit haben, es loszulassen und es durch die neu-gefundenen Einsichten zu ersetzen.

DER ÄTHERISCHE KÖRPER – LUFT:
Durch die Aktivierung des Luft-Wirbels werden unsere ätherischen Körper in unseren Licht-Körper erhoben. Wenn wir den folgenden Leitfaden in uns aufnehmen und anwenden, wird dieser Schritt der Höchsten Einweihung erfüllt.

Die Reinigung meiner Vergangenheit und meiner vergangenen Erinnerungen:

1. »ICH BIN« die Reinigung meines Unterbewußtseins. Jede Erfah-

rung der Vergangenheit – Ursache, Kern, Wirkung, Aufzeichnung und Erinnerung – wird in Licht umgewandelt.

2. Mein Ätherischer Körper ist spirituell REIN. »ICH BIN« frei von der Welt der Illusion.
3. »ICH BIN«. Ich erreiche die Oktaven der Wahrheit und atme den Heiligen Atem Gottes ein.
4. Ich rufe das Licht der Klarheit an, bitte es, auf meine Vergangenheit zu strahlen und sie in das Licht des Verstehens zu erheben.
5. »ICH BIN«. Ich entwickle die Eigenschaften des göttlichen Ausdrucks, der Wahrnehmung und der Unterscheidung.
6. »ICH BIN«. Ich bewege mich durch die Wahrheit der Unterscheidung aus der Welt der Illusion in das Licht der Realität.
7. »ICH BIN« im Gleichgewicht.
8. »ICH BIN«. Ich nehme meine wahre Gott-Wirklichkeit an.
9. »ICH BIN« ein Brennpunkt aus strahlenden, positiven Gedanken, erfüllt von Sanftheit und Mitgefühl.
10. Mein Leben ist eine Manifestation meiner vergangenen Gedanken. »ICH BIN«. Ich verändere meine Gedanken, um mit dem Göttlichen Willen *Eins* zu sein. Deswegen verändere ich mein Leben.

Schritt vier der Höchsten Einweihung: Der Feuer-Wirbel

Nachdem wir an sieben aufeinanderfolgenden Tagen den Luft-Wirbel jeden Tag mindestens 15 Minuten lang aktiviert haben, sind wir nun bereit für den nächsten Schritt.

Wir beginnen damit, die Schritte eins, zwei und drei einige Minuten lang zu wiederholen. Wenn die spirituelle Energie im Hals die volle Intensität erreicht, visualisieren wir eine Säule reinen, weißen Lichtes, die bis zu einem Lichtpunkt in unserem Brustbein, in der Mitte unseres Brustkorbes, herabströmt. Der Feuer-Wirbel wird aktiviert, er beginnt zu rotieren und dehnt sich als eine strahlende Sonne aus. Mit der vollen Kraft unserer Göttlichkeit intonieren wir leise die Affirmation in den Feuer-Wirbel:

ICH BIN DER FEUER-ATEM DES ALLMÄCHTIGEN

Bei jedem Einatmen intonieren wir die Affirmation in den Feuer-Wir-

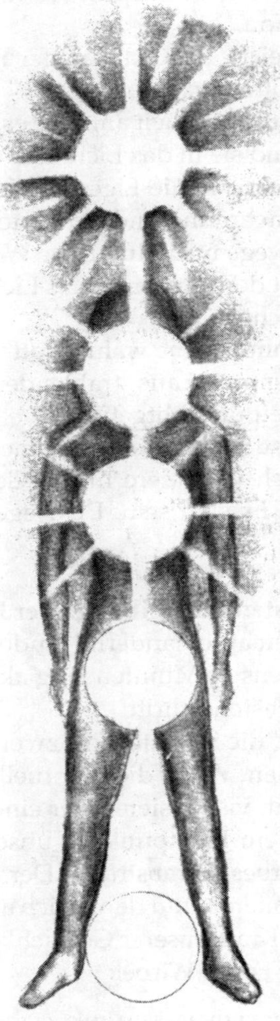

Schritt 4 der Höchsten Einweihung:
Der Feuer-Wirbel

bel, und bei jedem Ausatmen visualisieren wir, wie diese Sphäre wie eine strahlende Sonne erwacht.

Während sich diese Sphäre ausdehnt, fühlen wir glühende, zunehmende Wärme. Die Schwingung der Liebe berührt unsere Herzen, und wir fühlen uns vollständiger, zentrierter und heiler als jemals zuvor. Die Göttliche Flamme ist ein wunderbares Geschenk unserer Gott-Gegenwart. Bei der Aktivierung des Feuer-Wirbels werden wir uns bewußt, in welcher Weise wir täglich unsere Vitalenergien benutzen. Wir erkennen, wie wir es zulassen, daß sich unsere Energien erschöpfen. Durch diese Beobachtung können wir positive Anpassungen einleiten, um mit unserer Lebensenergie richtig umzugehen. Positives Wachstum erfordert Mühe und den Willen zur Veränderung. Bewußtsein erschafft immer die Verantwortung, aufgrund des gewonnenen Wissens zu handeln.

DER MENTALE KÖRPER – FEUER:
Durch die Aktivierung des Feuer-Wirbels steigen unsere Mental-Körper in unsere Licht-Körper auf. Wenn wir diesen Leitfaden kontemplieren und anwenden, wird Schritt vier der Höchsten Einweihung erfüllt.

»ICH BIN« EINS MIT DEM GEIST GOTTES

1. Durch die Einweihung des Heiligen Feuers erkenne ich, daß Liebe die erste Ursache allen Lebens ist.
2. Die Einweihung des Heiligen Feuers bringt meine »ICH BIN« Gott-Gegenwart hervor.
3. Wie hervorragend das denkende und fühlende Gemüt auch sein mag, zu seiner Erfüllung muß es die Liebe Gottes reflektieren.
4. Die Heilige Feuer-Einweihung bringt Wärme, Licht und Schönheit in das Leben.
5. In der vierten Dimension erschafft und gibt das Heilige Feuer Leben.
6. Die Heilige Feuer-Einweihung öffnet das Portal zur Göttlichkeit.
7. Glaube, Hoffnung und Liebe regieren mein Denken. Glaube ist das innere Wissen, daß alles zu meinem höchsten Wohle zusammenwirkt. Hoffnung ist mein stetig wachsendes Vertrauen in Gottes Weisheit. Liebe erleuchtet mein Herz.

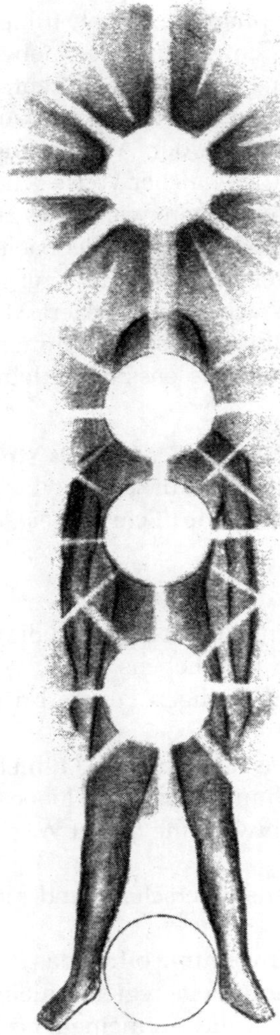

Schritt 5 der Höchsten Einweihung:
Der Wasser-Wirbel

8. Durch die Heilige Feuer-Einweihung besitze ich die Kraft, die Welt zu erleuchten.
9. Das Leben und die Liebe Gottes sind meine wahre Wirklichkeit.
10. Der Geist Gottes überflutet mein Wesen und steigert meine kreative Kraft.
11. Liebe transformiert das Leben. Sie entfernt alles, was nicht erwünscht ist und erhebt jeden Lebensstrom in die Vollkommenheit der Gott-Gegenwart »ICH BIN«.

Schritt fünf der Höchsten Einweihung: Der Wasser-Wirbel

Nachdem an sieben aufeinanderfolgenden Tagen der Feuer-Wirbel mindestens 15 Minuten lang täglich aktiviert wurde, sind wir nun bereit für den nächsten Schritt.

Wir beginnen damit, die Schritte eins, zwei, drei und vier einige Minuten lang zu wiederholen. Wenn der Feuer-Wirbel die höchste Ausdehnung erreicht hat, visualisieren wir eine weitere herabsteigende Licht-Säule aus reinem, weißem Licht, bis sie einen vibrierenden Licht-Punkt an der Basis unserer Wirbelsäule erreicht hat. Während diese Licht-Säule in diesen Samenpunkt des Lichtes eindringt, erwacht der Wasser-Wirbel zu einer strahlenden Sonne. Mit der vollen Kraft unserer Göttlichkeit intonieren wir leise in die Wasser-Sphäre die Affirmation:

»ICH BIN« DIE HARMONIE MEINES WAHREN WESENS

Bei jedem Einatmen intonieren wir die Affirmation in den Wasser-Wirbel, und bei jedem Ausatmen erfahren wir, daß sich diese Sphäre in eine strahlende Sonne ausdehnt.

Der Wasser-Wirbel steht in Verbindung mit unserem Emotional-Körper und ist häufig das herausforderndste Zentrum, das in der Höchsten Einweihung erweckt wird. Unterdrückte emotionale Energien steigen an die Oberfläche, um während dieses Schrittes der Einweihung in Licht umgewandelt zu werden. Diese Muster sind ein Ergebnis unserer verzerrten Wahrnehmungen und Programmierungen aus der Vergangenheit. Dies sind die Gefühle und Überzeugungen, die uns in der Vergangenheit festgehalten haben und uns hinderten, unserem höchsten Potential entgegenzugehen.

DER EMOTIONAL KÖRPER – WASSER:

Die Aktivierung des Wasser-Wirbels erhebt unsere Emotional-Körper in unsere Licht-Körper. Durch die Anwendung dieses Leitfadens wird Schritt fünf der Höchsten Einweihung erfüllt.

1. Sei still und wisse, »ICH BIN« Gott.
2. Ich habe alle meine Emotionen in Harmonie umgewandelt, indem ich die Herrschaft meiner Gott-Gegenwart übertrage.
3. »ICH BIN«. Sanft führe ich meine Gefühle und Emotionen in Gottes Garten der Harmonie und des Gleichgewichtes.
4. »ICH BIN«. Ich nutze fortwährend die Göttlichen Eigenschaften der Wahrnehmung und des Unterscheidungsvermögens.
5. Ich hege meine Emotionen mit Demut und Einfachheit.
6. »ICH BIN« entschlossen, die Wahrheit aus meinem tiefsten innersten Wesen heraus zu leben.
7. Meine Emotionen sind diszipliniert, um gelassen und geduldig zu sein.
8. »ICH BIN« stets ruhig genug, um die Vision und die Stimme Gottes widerzuspiegeln.
9. »ICH BIN« stets ein manifestierter Ausdruck spiritueller Wahrheit.
10. Ich erkenne meine Herausforderungen und Verantwortlichkeiten als Gelegenheit zum Wachstum, und ich erfahre sie mit Freuden.
11. Ich erkenne die Liebe, Weisheit und Macht Gottes, daher erfahre ich ein spirituelles Leben, das mit Licht, Freiheit und göttlicher Zielsetzung erfüllt ist.
12. »ICH BIN« das erleuchtete Bewußtsein von Ruhe und Frieden.
13. Ich salbe mein Sein mit dem Wissen um Gott, und »ICH BIN« Gelassenheit.
14. »ICH BIN«. Ich reinige und kläre meinen Emotional-Körper mit der violetten Umwandlungs-Flamme der Liebe.
15. »ICH BIN« konzentriert auf die Harmonie und das Gleichgewicht des Christus in meinem Inneren.
16. Ich suche nur Gott.

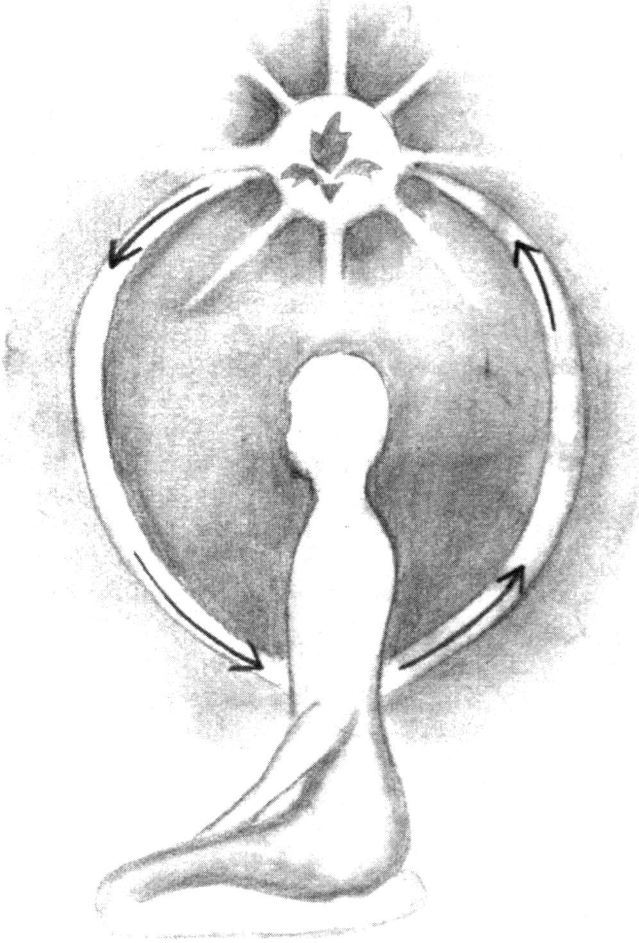

Übung zur Wiederherstellung des Gleichgewichtes

Übung zur Wiederherstellung des Gleichgewichtes

Während das Licht Gottes durch unser Sein strömt, dringt es in die elektronische Substanz unserer vier niederen Körper auf der zellularen Ebene. Dabei drängt es alle disharmonischen Frequenzen an die Oberfläche, wo sie mit beschleunigter Geschwindigkeit umgewandelt werden. Dies schafft häufig Unbehagen und auch ein Ungleichgewicht in unserem Leben. Wir müssen erkennen, daß wir *niemals* irgend etwas erhalten, mit dem wir nicht umgehen können. Daher ist es wichtig für uns, diesen Prozeß nicht zu unterbrechen. Jetzt folgt jedoch eine Übung, die das Unwohlsein erleichtert und uns hilft, das Gleichgewicht wieder herzustellen, während die Reinigung stattfindet. Bedenke jedoch stets, wenn dieser Vorgang einmal wirklich abgeschlossen ist, werden wir niemals wieder Gefangene unserer schmerzvollen Vergangenheit sein. Wir werden *frei* sein, um die unvorstellbare Freude der vierten Dimension in unserem Leben anzuziehen. Wir werden dann die Erfüllung der Invokation erfahren: »Dein Reich komme. Dein Wille geschehe, wie im Himmel, so auf Erden.«

Wir beginnen die Übung, indem wir uns bequem hinsetzen und den gleichmäßigen Atem erlangen. Wenn wir ein höheres Bewußtsein empfinden, visualisieren wir eine intensive Dreifältige Flamme innerhalb des Äther/Geist-Wirbels über unserem Kopf. Beim Ausatmen senden wir einen Strom des *Feuer-Atems des Allmächtigen* in einem Bogen aus dem Äther/Geist-Wirbel vor unserem Körper her in den Solar-Plexus, gerade oberhalb des Nabels. Dies ist der Punkt in unserem Körper, wo wir die emotionalen Energien am intensivsten spüren. Während wir den Lichtstrom einatmen, strahlt der *Feuer-Atem des Allmächtigen* durch unsere vier niederen Körper, wo er jede disharmonische Schwingung aufnimmt. Die Flamme bewegt sich dann aus unserem Rücken heraus und bildet wieder einen Bogen hinauf zur Dreifältigen Flamme, die im Äther/Geist-Wirbel strahlt. Dort wird die disharmonische Schwingung sofort in Licht verwandelt. Beim Ausatmen des *Feuer-Atems des Allmächtigen* wird wieder ein Bogen zu unserem Solar-Plexus gebildet. Beim Einatmen führt er zur sofortigen Umwandlung alle aufgenommenen disharmonischen Schwingungen mit sich in die Dreifältige Flamme in den Äther/Geist-Wirbel.

Dies ist eine sehr einfache, doch sehr wirkungsvolle Übung. Wir sollten sie so lange fortsetzen, bis alles Unwohlsein aufgelöst und das Gleichgewicht wieder hergestellt ist.

Ich möchte nochmals darauf hinweisen, die Anweisungen für die Höchste Einweihung *genau* zu befolgen. Es ist wichtig, daß wir nicht ungeduldig werden und vorwärts drängen. Wir haben seit Äonen gewartet, um diese heiligen Wahrheiten zu erfahren. Sie wurden bisher vor uns verborgen, weil der Himmlische Gastgeber fand, daß unser Bewußtsein nicht genug entwickelt war, um damit richtig und sicher umzugehen. Nun vertraut man uns diese heiligen Wahrheiten an. Laßt uns beweisen, daß wir nun wahrlich vertrauenswürdig sind. Disziplin ist der Schlüssel zur Selbst-Meisterschaft.

Der Wasser-Wirbel muß ebenfalls an sieben aufeinanderfolgenden Tagen jeweils 15 Minuten lang aktiviert werden, bevor wir zum nächsten Schritt der Höchsten Einweihung übergehen können – der Aktivierung des Erd-Wirbels.

Schritt sechs der Höchsten Einweihung: Der Erd-Wirbel

Nachdem wir die Schritte eins, zwei, drei, vier und fünf der Höchsten Einweihung einige Minuten lang wiederholt haben, erfahren wir, wie aus dem Wasser-Wirbel ein Strom von reinem, weißem Licht herabfließt, bis zu einem Licht-Punkt, der sich zwischen unseren Füßen befindet. Das Licht beginnt den Erd-Wirbel zu erleuchten, während er zu einer strahlenden rotierenden Sonne wird.

In diesen Licht-Punkt zwischen unseren Füßen sprechen wir leise im Bewußtsein unserer Göttlichkeit die Affirmation:

»ICH BIN« DER MEISTER MEINER PHYSISCHEN WIRKLICHKEIT

Beim Einatmen intonieren wir diese Affirmation, beim Ausatmen stellen wir uns vor, wie sich der Erd-Wirbel in eine strahlende Sonne ausdehnt.

Wenn der Erd-Wirbel aktiviert ist, werden wir von Kopf bis Fuß zu einer lebendigen, strahlenden Licht-Säule, zu einem reinen, weißen, leuchtenden Weg des Lichtes. In dieser Lichtsäule sind alle unsere elementaren Wirbel verbunden.

Das Erwachen des Erd-Wirbels wird von jedem von uns als eine

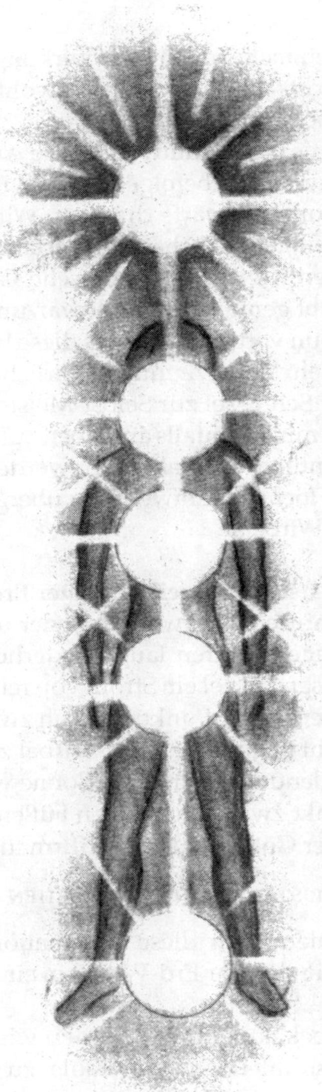

Schritt 6 der Höchsten Einweihung:
Der Erd-Wirbel

enorme Erleichterung erfahren, denn jetzt fühlen wir uns in jeder Weise ausgeglichen. Die wesentlichen Gebiete unseres Lebens, die während der Aktivierung der Erden-Sphäre angesprochen werden, sind unsere physischen, materiellen Wirklichkeiten. Unsere gesamte physische Welt wird an die Oberfläche kommen, um bewertet und ausgeglichen zu werden. Materieller Besitz, Verhaftungen, das Wohl unseres physischen Körpers und materielle Bedürfnisse werden zur Überprüfung bewußtgemacht.

Durch die Erd-Einweihung lernen wir, unsere schöpferischen Fähigkeiten von Gedanken und Gefühlen voll und wirkungsvoll zu nutzen, um Göttlichen Willen auf die physische Energie (Materie) zu übertragen und so die Vollkommenheit auf Erden zu schaffen.

DER PHYSISCHE KÖRPER – ERDE:

Durch die Aktivierung des Erd-Wirbels werden unsere physischen Körper in unsere Licht-Körper erhoben. Die Erfüllung des sechsten Schrittes der Höchsten Einweihung wird durch die Kontemplation und Anwendung des folgenden Leitfadens erreicht:

1. »ICH BIN« mir bewußt, daß jegliche Energie ursprünglich von Gott kommt. Alles, was wie feste Materie aussieht, ist in Wirklichkeit aufgeladen mit göttlicher Energie und Licht.
2. »ICH BIN« frei von Materie durch die Erkenntnis, daß alles Leben EIN Leben ist und augenblicklich auf die Eigenschaften göttlicher Liebe antwortet.
3. Mein physischer Körper ist geheilt und durch meine Anrufung des göttlichen Willens und Schutzes geschützt.
4. »ICH BIN«. Ich gehe nach innen zu der Göttlichen Flamme in meinem Herzen. Durch diese Aktivität wird die atomare Struktur meines physischen Körpers auf zellularer Ebene verfeinert und mit Licht erfüllt. Mein Körper wird vergeistigt. »»ICH BIN«« der Bewohner eines Körpers aus Licht, obwohl ich noch in der physischen Welt wohne. »ICH BIN« IN DER WELT, ABER NICHT VON IHR.
5. Die Göttliche Flamme in meinem Herzen ruft die Liebesschwingung in jedem Elektron meines Wesens hervor und erweckt jedes zur Stimme meiner Gott-Gegenwart »ICH BIN«.

6. Durch die Erd-Einweihung BIN ICH emporgehoben zu dem Bewußtsein, daß es der Zweck meines Erdendaseins ist, meine Befehlsmacht über die fünf Elemente und alle physikalische Materie anzuerkennen und auszuüben, um so Meister meiner physischen Wirklichkeit zu werden.
7. Ich rufe den Strahl Göttlicher Liebe in jedes Elektron meines Wesens und in jedes Elektron auf Erden. Mein Körper, mein Bewußtsein und das der gesamten Menschheit akzeptiert *jetzt* den ursprünglichen Göttlichen Plan der Vollkommenheit, der schon immer in der vierten Dimension bekannt war.
8. In jedem Elektron aller menschlichen Körper und des elementaren Königreiches *fühle ich* die kosmische Natur der Göttlichen Liebe. Durch diese Göttliche Liebe wird alles, was nicht vom Licht ist, zu Göttlicher Vollkommenheit umgewandelt.
9. »ICH BIN« jetzt die Sicht und das Gefühl der ursprünglichen kristallenen Klarheit jedes Elektrons von wertvoller Lebensenergie, das sich auf der Erde entwickelt. Innerhalb dieser kristallenen Klarheit ist das makellose Bild aller physischen Materie enthalten.
10. Innerhalb des Gleichgewichtes der maskulinen und femininen Polarität Gottes hat sich eine unanfechtbare Aura Göttlicher Liebe auf Erden gebildet, und der Christus im Herzen aller Menschen wird jetzt hervorgerufen.
11. Menschheit! Planet Erde!! Erwache! Schreite voran in die vierte Dimension bedingungsloser Liebe und SEI die Vollkommenheit Deiner wahren Göttlichen Wirklichkeit auf Erden.

Um den Erd-Wirbel voll zu aktivieren, muß die Übung ebenfalls an sieben aufeinanderfolgenden Tagen jeweils mindestens 15 Minuten lang gemacht werden.

Schritt sieben der Höchsten Einweihung: Lenken der Lichtkraft

Nachdem wir nun die fünf Elementar-Wirbel in unseren vier niederen Körpern aktiviert und dadurch einen enormen Weg strahlenden Lichtes vom Kopf bis zu den Zehen unseres Wesens geschaffen haben, sind wir bereit, diese machtvolle und dynamische Kraft zu nutzen, um die Evolution unseres Bewußtseins und das allen Lebens auf

Rosa »BIN«

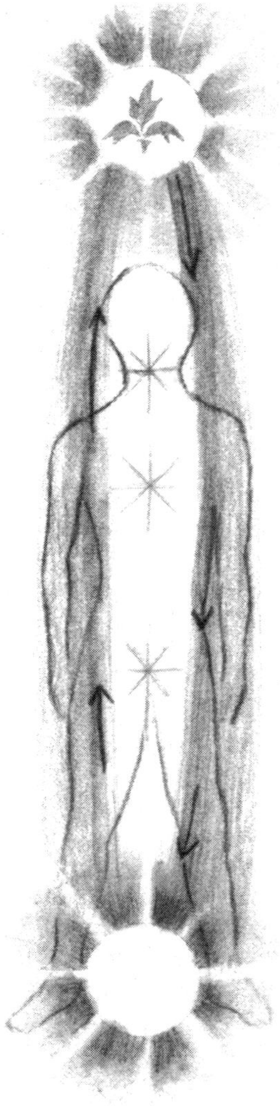

Blau »ICH«

Ausgleichen der Männlichen und Weiblichen Polaritäten Gottes

Schritt 7 der Höchsten Einweihung:
Lenken der Lichtkraft

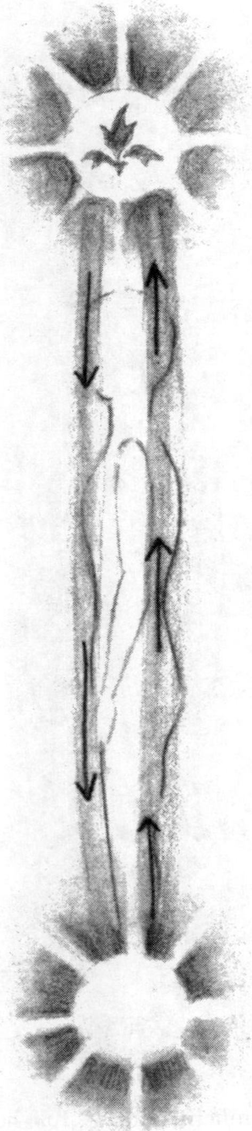

Gold-Gelb
»ICH BIN« der
Christus
entwickelt zur
vollen Größe!

Baden des Körpers
in reinem Christus-Licht

Erden zu beschleunigen. Wir sind *jetzt* ein aktivierter Licht-Körper aus Gottes Vollkommenheit, und durch die bewußte Lenkung dieser Energie können wir dazu beitragen, die Heilung des Geistes, des Körpers und der Emotionen allen Lebens zu fördern, das sich auf dem Planeten entwickelt. Die Höchste Einweihung befähigt uns daher, unsere Kraft zum Wohl für unsere Mitmenschen auf der Erde einzusetzen.

Um diese größere Kraft zu erreichen, müssen wir lernen, die Lichtkraft bewußt zu lenken. Dabei stehen wir aufrecht und durchlaufen kurz die sechs vorhergehenden Schritte der Höchsten Einweihung. Nach Beendigung der Übung des Erd-Wirbels fühlen wir, wie die Energie aus dem Erd-Wirbel den Lichtweg hinaufsteigt, in den Äther/Geist-Wirbel über unserem Kopf. Innerhalb des Äther/Geist-Wirbels sehen und fühlen wir die lodernde Dreifältige Flamme Gottes. Zur Rechten pulsiert die Rosa Flamme der Göttlichen Liebe, die den femininen Aspekt Gottes – den Heiligen Geist/Göttliches Mutter-Prinzip – repräsentiert. Auf der linken Seite pulsiert die Blaue Flamme des Göttlichen Willens, der den maskulinen Aspekt Gottes – den Vater – repräsentiert. Aus dem Zentrum erhebt sich die Goldgelbe Flamme, die das Prinzip Sohn/Tochter Gottes – den Christus/die Weisheit – repräsentiert.

Wenn wir nun ausatmen, fühlen wir die vibrierende Blaue Flamme des Göttlichen Willens, die aus dem Äther/Geist-Wirbel über unserem Kopf herabströmt und durch die linke Seite unseres Körpers zum Erd-Wirbel zwischen unseren Füßen führt.

Beim Einatmen fühlen wir die kristallene Rosa Flamme der reinen Göttlichen Liebe durch die rechte Seite unseres Körpers aus dem Erd-Wirbel kommend emporsteigen. Sie mündet in die Rosa Flamme, die auf der rechten Seite des Äther/Geist-Wirbels pulsiert.

Beim Ausatmen fließt die Blaue Flamme des Göttlichen Willens durch die linke Seite des Körpers von dem Äther/Geist-Wirbel hinunter in den Erd-Wirbel. Beim Einatmen steigt die Rosa Flamme der Göttlichen Liebe auf der rechten Seite des Körpers vom Erd-Wirbel nach oben in den Äther/Geist-Wirbel. Das Atmen dient dazu, die maskuline und feminine Polarität Gottes in uns auszugleichen und sollte mindestens fünf Minuten lang fortgesetzt werden.

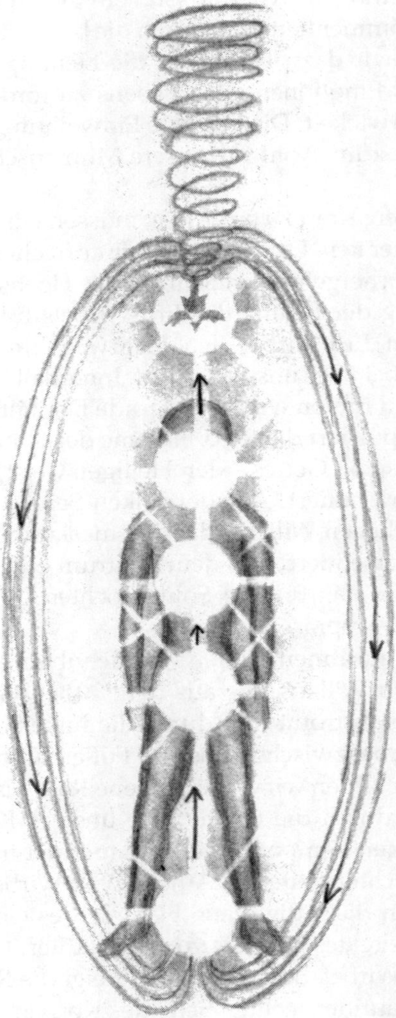

Schritt 8 der Höchsten Einweihung:
Lenken des 12fältigen Aspektes der Gottheit
aus der fünften Dimension

Dann, wobei wir immer noch aufrecht stehen, lenken wir unsere Aufmerksamkeit auf die Gold-Gelbe Flamme der Christus/Weisheit im Äther/Geist-Wirbel. Beim Ausatmen lenken wir bewußt den Goldenen Lichtstrom des Christus vom Äther/Geist-Wirbel an der Vorderseite unseres Körpers entlang hinunter zum Erd-Wirbel zwischen unseren Füßen. Beim Einatmen ziehen wir das Goldene Christus-Licht auf der Rückseite unseres Körpers vom Erd-Wirbel hinauf zum Äther/Geist-Wirbel über unserem Kopf. Wenn wir ausatmen, strömt das Christus-Licht nach unten, so wird die Vorderseite unseres Körpers in Licht gebadet. Während wir einatmen, steigt das Christus-Licht auf, dabei ist die Rückseite unseres Körpers in Licht gebadet. Dieser Prozeß wird mindestens fünf Minuten lang fortgesetzt.

Schritt acht der Höchsten Einweihung: Lenken des zwölffältigen Aspektes der Gottheit aus der fünften Dimension

Nachdem wir Schritt sieben der Höchsten Einweihung, *Lenken der Lichtkraft*, (zehn Minuten lang jeden Tag an sieben aufeinanderfolgenden Tagen) durchgeführt haben, sind wir für den achten und endgültigen Schritt der Höchsten Einweihung bereit.

Durch diese Übungen ziehen wir die höchsten Schwingungsfrequenzen in unser Wesen und in die Erdatmosphäre, die die Erde je erfahren hat. Es ist die Frequenz des zwölffältigen Aspektes Gottes vom Kosmischen Heiligen Geist aus der fünften Dimension. Sie ist bekannt als *der Feuer-Atem des Allmächtigen*.

Beginn der Übung:

Wir stehen aufrecht und durchlaufen schnell Schritt eins bis sieben der Höchsten Einweihung. Wir sehen, wie ein spiralförmiges Licht-Kraftfeld, lodernd mit den vielfarbigen Strahlen der zwölffältigen Aspekte der Gottheit, vom Brennpunkt des Kosmischen Heiligen Geistes aus der fünften Dimension in unseren Äther/Geist-Wirbel einfließt. Diese spiralförmige Licht-Säule wird in der Dreifältigen Flamme unseres Äther/Geist-Wirbels sicher verankert.

Aus unserem Äther/Geist-Wirbel projizieren wir beim Ausatmen eine in den herrlichsten Farben strahlende, kaskadenartige Fontäne der Zwölffältigen Aspekte der Gottheit, in jede Richtung, in, durch und um jedes Elektron unseres Körpers bis hinunter in den Erd-Wirbel zwischen unseren Füßen.

Beim Einatmen steigt diese zwölffältige Licht-Strahlung hinauf durch das Zentrum unseres Wesens und durch die Elementar-Wirbel in den Äther/Geist-Wirbel über unserem Kopf.

Nochmals: Beim Ausatmen strahlt eine Fontäne von Farb-Kaskaden aus dem Äther/Geist-Wirbel durch jedes Elektron unseres Wesens in den Erd-Wirbel zwischen unseren Füßen. Beim Einatmen ziehen wir sie dann durch das Zentrum unseres Wesens hinauf in den Äther/Geist-Wirbel. Diese heilige Aktivität sollte jeden Tag mindestens fünf Minuten lang geübt werden.

Durch die ständige Praxis der Höchsten Einweihung wird unser evolutionäres Wachstum beschleunigt. Mit Disziplin erschaffen wir ein Medium, durch welches unser Bewußtsein die physische Welt der Form und das Rad des Lebens und des Todes für immer transzendiert. Es ist der Weg zur Auferstehung.

EINE PLANETARISCHE HEILUNG:
Wir brauchen nur unser Bewußtsein des Dienens auszudehnen, um unser Geschenk der Höchsten Einweihung, die Erde und all ihr Leben zu segnen, zu erweitern. Nachdem wir alle acht Schritte der Höchsten Einweihung durchlaufen haben, sind wir bereit, diese Segnung global auszudehnen. Dies geschieht durch das bewußte Lenken des Lichtes und den Wunsch unseres Herzens.

Wir stehen aufrecht und beginnen mit Schritt eins der Höchsten Einweihung. Wir bitten die Gegenwart Gottes, die in unserem Herzen lodert, unseren Licht-Körper auszudehnen, um den ganzen Planeten Erde in uns aufzunehmen. Wir stehen innerhalb der Erde. Unsere Wirbelsäule ist in vollkommenem Gleichgewicht mit der Achse dieses gesegneten Planeten. Wir setzen die Höchste Einweihung fort und bitten Gott und die himmlischen Heere, uns in unserer Aktivität des Lichtes zu unterstützen. Wir bitten darum, daß die Elementar-Zentren, die wir in unserem Wesen aktivieren, gleichzeitig auch innerhalb allen Lebens, das sich auf der Erde entwickelt, in Übereinstimmung mit dem Göttlichen Plan eines jeden Lebewesens, aktiviert werden. Wenn wir Tag für Tag die Zentren innerhalb allen

Lebens erwecken, werden wir die Veränderung des Massen-Bewußtseins wahrnehmen. Die Planetarische Heilung wird durch den Prozeß der Transformation stattfinden. Wie gesegnet sind wir, daß wir in dieser kritischen Zeit auf der Erde helfen können. Es ist eine Ehre für uns, am Sieg Gottes beteiligt zu sein.

DIE HEILUNG DES PLANETEN ERDE IST GREIFBAR.
Unsere Heilung ist *jetzt*! Sie ist in der Luft, die wir atmen. Sie ist in der Sonne am Tag und im Mond in der Nacht. Sie ist im Regen und in der ganzen Natur. Sie ist in unseren bewußten Gedanken und in unserem herzerfüllten Wissen. Unsere Heilung ist greifbar und wir nehmen sie in tiefer Demut und Dankbarkeit an.

Mit jedem Atemzug wissen wir, unsere Heilung ist greifbar. Sie ist immer gegenwärtig und verfügbar. Sie ist hier jetzt, wo immer »ICH BIN«. Sie gehört uns. Wir können sie still annehmen. Sie bringt Frieden, Sicherheit und unermeßlichen Segen. Ihre Quelle ist Gott, die Quelle, die ewig gegenwärtig ist. Die Heilung manifestiert sich jetzt und für immer. Sie ist in uns – in jedem Moment. Wir sind gesegnet und danken für diese Realität.

Durch das Allmächtige Licht Gottes...
»ICH BIN« geheilt und ganz.
»ICH BIN« Ewiger Frieden.
»ICH BIN« der Himmel manifestiert auf Erden.
»ICH BIN« das »ICH BIN«.

6. Strahl Rubin-Gold

6. Aspekt Gottes: *Ausübende Gnade*
6. Universales Gesetz: *Das Gesetz von Ursache und Wirkung, das Gesetz des Kreislaufs.*

ENERGIE UND EIGENSCHAFTEN DES 6. STRAHLES SIND:
Selbstloses Dienen, Heilung, hingebungsvolle Anbetung, Liebe, der Christus wirkt durch die Persönlichkeit, das Göttliche Vorbild verkörpert im Leib.

Sonnen-Zyklus: 19. Februar bis 19. März
Sternbild: Fische

Der 6. Strahl Gottes strahlt als rubin-goldenes Licht durch die Atmosphäre der Erde und durch unsere Sonnen-Wirbelsäule im Bereich des Solar-Plexus-Chakras.

Dieser Strahl ist der Strahl der Gnade, Liebe, Heilung und des Dienens. Liebe – die Quelle allen Lebens – verbindet alles miteinander und hält alles zusammen. Der rubin-goldene Strahl war der einflußreichste Strahl des Fische-Zeitalters.

Die Botschaft des Christus war die *Liebe – die Liebe zum Leben*. Damit wird sich der Göttliche Plan jedes einzelnen erfüllen, das Bewußtsein erheben zum Christus in Dir, dem Heiligen Christ-Selbst. »Niemand kommt zum Vater, denn durch mich.« Liebe *Dein Selbst* (nicht die Ego-Persönlichkeit), das Göttliche Selbst in Dir.

Der Gnaden-Aspekt ist der wichtigste für uns. Die Engel sind die Botschafter und Diener Gottes. An ihrem selbstlosen freudigen Dienst können wir uns ein Beispiel nehmen. Selbstloses Dienen ist der sicherste, schnellste und erfüllendste Weg für geistiges Wachstum und Entwicklung. Wenn jemand still aus seinem Herzen Gott um Hilfe bittet, sind Seine Engel sofort zur Stelle und bringen entsprechende Hilfe. *Niemand ist jemals allein*. Der Ruf um Hilfe muß von der Ebene kommen, wo sie gebraucht wird. Dies ist ein kosmisches Gesetz. Da wir den Freien Willen haben, können die Engel nicht von sich aus helfen, sondern nur, wenn wir selbst darum bitten. Wenn die Hilfe kommt, sei dann auch bereit, die Gnade anzunehmen. Annahme ist sehr wichtig. Oft blockieren wir das Annehmen der Gnade aufgrund unseres mangelnden Selbstwertgefühls oder wegen Schuldgefühlen. Durch die Annahme unserer wahren Gott-Wirklichkeit können wir die Minderwertigkeitsgefühle verändern. Das Loslassen der alten Programmierungen und fehlerhaften Glaubensmuster bringt neues *Bewußtwerden* mit sich. *Nimm Deine eigene Göttlichkeit an.*

Geh in die Stille, atme, entspanne Dich und meditiere. »Sei still und wisse »ICH BIN« Gott.« In der Stille wirst du über die Verbindung mit Deinem Göttlichen Selbst erkennen, was Du verändern sollst.

Sieh Dir Deine Blockaden und Ängste an. Sowie Du den Ängsten ins Auge siehst, verlieren sie ihre Kraft und können Dich nicht mehr vom Unterbewußtsein her manipulieren. Sie sind Gedankenformen aus der Vergangenheit, die im Energiefeld Deiner niederen Körper schwingungsmäßig vorhanden sind. Sie sind von Dir selbst erschaffen. Hast Du Angst vor etwas, was Du selbst erschaffen hast? Durch die Übung *Verbindung mit Deinem Höheren Selbst* (1. Strahl auf Seite 80) und mit der *Anrufung des Violetten Feuers* kannst Du alte Ängste und Blockaden auflösen und verbrennen.

Wenn Du jetzt selbst die Verantwortung übernimmst, hast Du auch die Kraft, Dein Leben zu verändern. Vergib Dir selbst und allen anderen für Vergangenes. Negative Energien können nur durch Vergebung erlöst werden. Vergebung ist der Schlüssel zum Glück. *Du kannst Dir jetzt den Himmel auf Erden schaffen.*

Folgende Affirmationen werden Dir helfen:

Ich bin jetzt bereit, alte Überzeugungen und Glaubensmuster loszulassen.

Ich liebe und schätze mich, so wie ich bin.

Ich liebe mich und vergebe mir selbst.

Ich bin ehrlich mit mir selbst.

Ich bin bereit, die Wahrheit zu erkennen, und die Wahrheit wird mich befreien.

Ich bin ein Kind Gottes und verdiene Liebe.

Ich verändere mich durch Gnade und Freude.

Ich habe Spaß und Freude in meinem Leben.

Ich vertraue der göttlichen Kraft in mir.

Ich nehme alles in Liebe und Dankbarkeit an.

Mit Liebe befreie ich alles, was weniger als Liebe ist.

Ich nehme die Verantwortung für die Veränderungen in meinem Leben an.

Ich erkenne jetzt, daß ich meine Wirklichkeit selbst erschaffe.

Ich habe die Wahl, ob ich in der Dualität verbleibe oder mich in die Einheit begebe und meine wahre Gott-Gegenwart annehme.

Werde zu dem, was Du in Wahrheit bist. *Erwache* und erinnere Dich, wer Du bist. Durch Dein Erwachen wirst Du andere aufwecken, so daß auch sie sich erinnern. Die Welle des Erwachens wird über den ganzen Planeten gleiten.

6. Universales Gesetz: Das Gesetz von Ursache und Wirkung, das Gesetz des Kreislaufs

Das Gesetz von Ursache und Wirkung ist das Gesetz des Kreislaufs, auch Karma genannt. Es ist das 6. Universale Gesetz und gehört zum 6. Strahl Rubin-Gold, dem führenden Strahl im Christentum, dem Fische-Zeitalter. Das Wassermann-Zeitalter, das gerade begonnen hat, steht unter dem Einfluß des 7. Strahles Violett, dem 7. Universalen Gesetz der Umwandlung, Gnade und Freiheit. Es wird uns jetzt die Möglichkeit gegeben, unser Karma umzuwandeln.

Das Karma ist die Summe aller bisherigen Taten während unseres Erden-Daseins. Ganz einfach, das, was wir ausgesandt haben, kehrt zu uns zurück! Dies ist ein Naturgesetz: Anziehung – Abstoßung. Auch das Resonanz-Gesetz »Gleiches zieht Gleiches an« beweist dies. Aus der Bibel kennt fast jeder den Spruch »Was Du säst, wirst Du ernten.« Oder »Was Du nicht willst, das man Dir tu, das füg auch keinem anderen zu«.

Wenn Du dieses Gesetz verstehst, erkennst Du, daß du es selbst in der Hand hast, wie Du Dein Leben gestaltest. Du kannst Dein Leben verändern! Überprüfe Dein Leben anhand Deiner Resultate, die Du jetzt hast. Sind sie eher positiv oder mehr negativ? Frage Dich einfach beim Aussenden: »Möchte ich dies zurückhaben?« Da jeder für sich selbst nur das Beste möchte, wirst Du natürlich nur das Beste zurückerhalten, wenn Du nur das Beste aussendest. Jetzt ist die Zeit auch für alle anderen, das Beste zu wollen, für jeden auf diesem Planeten! Alle Gedanken, Gefühle, Worte und Handlungen sind Energieströme mit einer Resonanz-Schwingung, je nachdem positiv und harmonisch oder negativ und destruktiv, und kehren zum *Absender* vervielfacht zurück. Werde Dir also Deiner Gedanken, Gefühle, Worte und Handlungen *bewußt* und beginne sie zu meistern. Beherrsche sie und laß sie nicht einfach geschehen. Wenn Du Deinem Christ-Selbst und der Gott-Gegenwart in Dir die Führung über die

Ego-Persönlichkeit übergibst, wirst Du Meister über Energie und Schwingung und Dein Leben wird die Vollkommenheit Deines *inneren Meisters* widerspiegeln. Dann bist Du *Meister Deines Lebens* und kannst Dir viel Leid, Traurigkeit und Schmerz ersparen.

Wie ist dieses Gesetz nun im einzelnen zu verstehen? In und um uns ist ein elektromagnetisches Feld aus Energie, Aura genannt, welches auch über Kirlian-Fotografie sichtbar gemacht und bewiesen wurde. Diese Energie wird auch Prana, Mana, Ki, Chi, Reiki, Bioenergie, Lebenskraft genannt.

Unser Energiefeld wird von unseren Gedanken, Gefühlen, Worten und Handlungen beeinflußt. Die Quelle der Energie ist im Herzen Gottes oder philosophisch ausgedrückt, entspringt aus dem Universalen Geist. Es ist die Universale elektronische Licht-Substanz, ein Strom von zahllosen, winzigen Lichtfünkchen mit noch winzigeren freudigen Gesichtchen, tanzend und jubelnd, bereit, Gottes Vollkommenheit hier auf dieser Ebene zu manifestieren. Ihre Beschaffenheit ist die der Reinheit und Vollkommenheit.

Diese elektronische Licht-Substanz fließt durch die Silberschnur (siehe Seite 29) in unseren Kopf, die Wirbelsäule hinunter und wird über die Chakren im Körper verteilt. Sie ist unsere Lebenskraft, und wenn wir sie empfangen, ist jedes Elektron absolut vollkommen in seiner Schwingung, denn aus dem Herzen Gottes strömt nur Vollkommenheit. Nun steht diese Licht-Substanz zu unserer Verfügung und wird von uns beeinflußt. Wir haben dann die Wahl, die hohe Schwingung beispielsweise durch Liebe und gute Stimmung aufrechtzuerhalten oder die Schwingung durch negative Laune zu verändern. Mit jedem Gedanken, jedem Gefühl, jedem Wort und jeder Handlung beeinflussen und bestimmen wir die Schwingung der Elektronen und senden sie aus, zu einer Person, in eine Situation, an einen Ort oder Gegenstand. Dieser Energiestrom, die Energiewellen (wie bei Radio und Fernsehen), finden sofort ihr Ziel, ihren Empfänger oder Empfangs-Ort, je nachdem, was wir gerade denken, fühlen, sagen oder tun.

Der Energiestrom erhält eine bestimmte Schwingungs-Frequenz, die von uns beeinflußt wird und davon abhängt, in welcher Stimmung wir gerade sind.

> Sind wir guter Laune, freuen uns, fühlen *Liebe, Harmonie, Frieden, Freude,* hat der Energiestrom eine *hohe, aufbauende Schwingung.*
> Sind wir schlechter Laune, traurig, depressiv, fühlen wir *Wut, Ärger, Angst, Haß, Neid,* hat der Energiestrom eine *niedrige, schwere, disharmonische Schwingung.*

Es bleibt also uns selbst überlassen, wie wir den Energiestrom, der uns als Geschenk des Lebens aus der Universalen Quelle zur Verfügung gestellt wird, verwenden. Wir haben den *freien Willen,* und somit sind wir *selbst verantwortlich,* ob die Energie durch uns fließt und in ihrer Vollkommenheit erhalten bleibt, oder ob sie durch Negativität mißbraucht wird und sich durch Disharmonie zu einer mißklingenden Schwingung verändert. Das ist *unsere Entscheidung* und *wir tragen die Verantwortung dafür.*

Während dieser Energiestrom durch Dich fließt, erhält er einen Stempel, Dein eigenes Markenzeichen, so daß er genau zu Dir, seinem Absender, wieder zurückkehrt (Gesetz des Kreislaufs). Da gibt es kein »Vertun«, der Energiestrom kehrt immer *nur* zu seinem Absender zurück. Je klarer wir dieses Naturgesetz verstehen, um so williger sind wir, unser Leben zu verändern. Dazu ein paar Beispiele:

Denke ich liebevoll an einen Freund, so geht die Schwingung sofort zu dieser Person, ob sie sich hier in der Stadt befindet oder weit weg, spielt keine Rolle. Da Liebe die stärkste und zusammenhaltende Kraft des Universums ist, ist sie eine der höchsten Schwingungen. Auf dem Weg durch die Atmosphäre verbindet sich diese Schwingungsfrequenz nun mit *gleichschwingender* Energie (»Gleiches zieht Gleiches an«) der gleichen Frequenz und wird dadurch vielfach verstärkt. Kommt die *Liebes-Schwingung* nun bei dem Freund an, wird er von diesem Energiestrom durchdrungen. Es ist so, als ob er in Liebe gebadet und gesegnet wird, so daß er sich auf einmal wunderbar fühlt. Dies geschieht, auch wenn er nichts davon weiß. (Deshalb sind wohl Verliebte immer in einer Hochstimmung, da sie meistens pausenlos aneinander denken!) Dann kehrt diese Energieschwingung wieder zum Absender zurück und verbindet sich auf dem Rückweg wieder mit der gleichschwingenden Energie, wobei sie nochmals verstärkt wird. Wenn sie zu mir, dem Absender, dann zurückkommt, werde ich vom Lichtstrom gesegnet und vom Liebes-Strom durchdrungen.

Dies ist das Gesetz des Kreislaufs, dem wir alle unterstehen, ob wir daran glauben oder nicht.

Das Gesetz funktioniert natürlich auch, wenn wir negative, disharmonische Schwingungen wie Haß, Ärger, Wut, Kritik, Angst, Neid, Lethargie, Depression aussenden. Diese kommen dann genauso vielfach verstärkt zurück, denn in der Erd-Atmosphäre gibt es von dieser negativen Schwingungsfrequenz große, große Mengen, die von unserer disharmonischen Energie dann angezogen werden. Wenn die destruktive Energie zurückkehrt, kann es sein, daß sie einen Unfall, Krankheit, Familien- oder Berufsprobleme oder andere Schwierigkeiten verursacht. Es gibt also absolut keinen Zufall!

Alles was wir aussenden, kehrt vielfach verstärkt zu uns zurück.
Liebe zieht Liebe an. Haß zieht Haß an. Angst zieht Angst an.

Nach dem Kosmischen Gesetz erhältst Du jedoch nur so viel mißbrauchte Energie zurück, wie Du verkraften kannst. Wie kannst Du nun mit dieser negativen Energie umgehen, wenn sie zu Dir zurückkommt? Durch Annahme, Dankbarkeit, Vergebung, Liebe und die Gnade der *Violetten Flamme* kannst Du diese Energie wieder umwandeln.

Übung zum 6. Strahl Gottes Rubin-Gold

Umwandlung von negativer Energie
Es ist gleichgültig, auf welche Art die Energie zu Dir zurückkehrt. Vielleicht hast Du gerade ein Problem mit einer Person oder im Beruf, mit der Gesundheit oder mit den Finanzen.

1. Annahme. Nimm die Energie an, die zu Dir zurückkehrt. Denn Du weißt jetzt, daß Du sie irgendwann einmal *selbst* ausgesandt hast. Warum solltest Du Dich also aufregen? Damit würdest Du ja erneut disharmonische Energie aussenden, die dann auch irgendwann zurückkehrt. Erkenne, daß die Person oder der Umstand nur als Werkzeug dient, um Deine Energie zurückzubringen. Bleibe also ruhig und zentriert und geh auf die konstruktivste Art und Weise harmonisch mit der Situation um. *Befreie* die Energie durch *Liebe* und verwandle sie dadurch in ihre Ursprungs-Schwingung.

2. Dankbarkeit. Danke dem Universum für die Möglichkeit, die Du jetzt hast, die Energie in eine harmonische Schwingung umzuwandeln, so daß die Elektronen wieder zur Quelle im Herzen Gottes zurückkehren können.

3. Vergebung. Als nächstes bitte um Vergebung, daß Energie mißbraucht wurde. Denn diese Energie kann nur durch die Vergebung erlöst und umgewandelt werden. »Ich bitte um Vergebung für jegliche Lebens-Energie, die ich jemals, wissentlich oder unwissentlich mißbraucht habe, und ich vergebe mir selbst dafür.« Vergebung hat die Schwingung der Farbe Violett. Visualisiere *Violettes Licht*, welches durch Dein Herz strömt, und strahle es in die Person oder Situation hinein. (Siehe auch *Visualisieren der Violetten Flamme zur Umwandlung der Vergangenheit* auf Seite 139, auch als Kassette vom Verlag erhältlich.)

4. Liebe. Sende bewußt *Liebe* zu der Person oder in die Situation. Die Farbe Rosa ist die Liebes-Schwingung. Bitte die Quelle der Liebe – die Quelle allen Lebens – und Deine Gott-Gegenwart, dich in Liebe zu hüllen. Visualisiere einen Lichtstrahl aus *rosa Licht* der in Dein Kronen-Chakra und von dort in Dein Herz einfließt. Sende den Strahl der Liebe wie einen mächtigen Laserstrahl aus Deinem Herzen in die Situation, um die negative Energie zu befreien. (Dies kannst Du auch täglich machen, indem Du morgens, ehe du aus dem Haus gehst, die Liebe in Dein Büro oder Deinen Arbeitsplatz strahlst, alles – Menschen, Schreibtische, Maschinen in rosa Licht visualisierst. Du wirst sehen, die Schwingung in Deinem Büro ändert sich!)

Wenn Du nach diesen vier Punkten vorgehst, baut sich ein starkes positives Kraftfeld um Dich auf, wodurch die negative, schwerschwingende Energie in eine hohe, harmonische Energie umgewandelt wird. Da wir wie Magneten sind, ziehst Du daraufhin wieder mehr Positives in Dein Leben, denn Energie kann durch *nichts zer-*

stört, sondern nur *umgewandelt* werden. *Das Licht wird die Dunkelheit auflösen.* (Auch eine seit Jahrtausenden dunkle Höhle kann durch eine Kerze erleuchtet werden, so daß die Dunkelheit schwindet.)

Wenn wir uns also selbst disziplinieren und die Kontrolle über unsere Gedanken, Gefühle, Worte und Taten übernehmen, werden wir keine Energie mehr mißbrauchen.

Die Probleme, die wir zur Zeit auf der Erde haben, brauchen uns nun eigentlich nicht mehr zu wundern. Denn bisher haben wir alle, meistens unwissend, viele negative Gedanken, Gefühle, Worte und Handlungen ausgesandt. Das Außen ist der Spiegel. »Wie innen, so außen!« Der Krieg draußen zeigt uns nur unseren eigenen inneren Krieg. Wir tragen alle die Verantwortung mit. Sei Dir bewußt, wenn Du das nächste Mal meinst, Du mußt Dich ärgern oder Dir mit einem Wutanfall Luft verschaffen, daß erstens die Energie vielfach verstärkt zu Dir zurückkehrt und zweitens, daß du die Dunkelheit auf Erden verstärkst. Gefühle der Liebe und Harmonie verstärken das Licht auf Erden. Du hast die Wahl, den Himmel oder die Hölle hier zu erschaffen!

Da die elektronische Lichtsubstanz durch alles fließt, ist auch alles miteinander verbunden. Jeder Gedanke, jedes Gefühl beeinflußt das Ganze. Du trägst also automatisch zur positiven oder negativen Schwingung im Universum bei. Einstein verbrachte sein Leben damit, *die Einheit allen Lebens, alles ist Schwingung*, zu beweisen. Jeder ist ein Teil von Dir und ein Teil vom Ganzen.

Deine Energie fließt in alles, worauf Du Deine Aufmerksamkeit oder Konzentration richtest, und Deine Energie formt Dich. Du bist, was Du denkst und fühlst. »Wie ein Mensch in seinem Herzen denkt, so ist er.«

Jeder hat die Möglichkeit, sein Leben zu verändern. Zunächst sollten wir aufhören, uns selbst und andere zu kritisieren, zu verurteilen oder zu bewerten. (Das wäre schon wieder Aussenden von negativer Energie!) Wir sollten *bei uns selbst* beginnen. *Erkenne Dein Selbst und werde Meister Deines Lebens. Liebe* ist der Schlüssel. Dieser Schlüssel ist in Deinem Herzen. Nur du kannst das Schloß mit diesem Schlüssel öffnen. Liebe ist magnetisch und zieht Liebe an. Wir leben in einem großen Meer von Liebe – und Liebe durchdringt alles. Im Wassertropfen des Ozeans ist der ganze Ozean enthalten. *Ein Teil enthält alles vom Ganzen. Du bist ein Teil des Ozeans der Liebe. Alles ist in Dir! Aber nur Du kannst die Tür öffnen – sie geht nur von innen auf!*

7. Strahl Violett

7. Aspekt Gottes: *Umwandlung*
7. Universales Gesetz: *Das Gesetz der Umwandlung*

ENERGIE UND EIGENSCHAFTEN DES 7. STRAHLES SIND:
Umwandlung, Vergebung, Gnade, Mitgefühl, Hingabe, Rhythmus, die Kraft der Anrufung, Göttliche Gerechtigkeit, Freiheit.

Sonnen-Zyklus: 21. Januar bis 18. Februar
Sternbild: Wassermann

Der 7. Strahl Gottes strahlt als Violettes Licht durch die Atmosphäre der Erde und durch unsere Sonnen-Wirbelsäule im Bereich des Sakral- oder Milz-Chakras (2.).

Dieser Strahl ist der führende Strahl während der nächsten 2000 Jahre, dem *Wassermann-Zeitalter*. Er ist ein großes Geschenk der Gnade. Es ist uns dadurch die Möglichkeit gegeben, unsere vergangenen disharmonischen Gedanken, Gefühle, Worte und Handlungen zu transformieren, das heißt umzuwandeln. Wie schon zuvor im *6. Universalen Gesetz von Ursache und Wirkung* beschrieben, kehrt die mißbrauchte Energie nur zu uns zurück, damit wir sie wieder in ihre ursprüngliche, hohe Schwingung der Vollkommenheit umwandeln.

Dies ist ein Kosmischer Moment auf der Erde, und wir erhalten große Hilfe aus höchster Höhe. Der 7. Strahl der spirituellen Freiheit hat gerade in den letzten zwei bis drei Jahren sehr große Veränderung in Richtung *Freiheit* gebracht. Die Mauer zwischen Ost- und Westdeutschland wurde abgerissen, der Eiserne Vorhang zu den Ost-Block-Ländern öffnete sich, und in der Sowjetunion gibt es politisch große Veränderungen.

Neue und höchste Energien strömen auf die Erde. 1954 strahlte zum ersten Mal der Weibliche 7. Strahl, der Strahl des Heiligen Geistes, von der Sonne in den Planeten Erde, und 33(!) Jahre später, 1987 (15. bis 17. August 1987 Harmonische Konvergenz), wurde die Energie des Strahles erhöht und verstärkt. Beginnend im August 1987 wurde der ursprüngliche Göttliche Plan für die Erde wiederhergestellt. Die Energien des Männlichen Strahles (vergangenes Zeitalter) wurden mit der Energie des Weiblichen Strahles (neues Zeitalter) in vollkommenes Gleichgewicht gebracht. Dies wird auch individuell in jedem Menschen geschehen. Einige der alten Kalender (so auch der Maya Kalender) endeten in 1987, denn die großen Seher des vergangenen Zeitalters konnten nicht weiter als bis zum Ende des Zeitalters des Männlichen Strahles sehen.

Die violette Umwandlungs-Flamme der Vergebung und Freiheit

Die Strahlen werden beim Aufstieg zu Flammen. Die Flamme hat *Aufstiegs-Charakter*, denn sie lodert immer nach oben. Wenn wir die Violette Umwandlungsflamme mit tiefem Gefühl und dem Wunsch der Vergebung anrufen, wird sie jedes Elektron der mißbrauchten Energie der Vergangenheit in Licht umwandeln. Da alle vergangenen Erlebnisse dieses und früherer Leben in unserem individuellen Energiefeld gespeichert sind, ist dies das größte Gnaden-Geschenk, das wir je erhalten haben. Denn nun können wir die Energien unter Anwendung der Violetten Flamme transformieren und müssen somit nicht mehr durch Leid und Schmerz hindurch. Es ist auch nicht erforderlich, daß wir uns daran erinnern. Mit der Übung *Visualisieren der Violetten Flamme zur Umwandlung der Vergangenheit* auf den folgenden Seiten kann dies geschehen. (Auch auf Kassette, siehe Anhang.) Es ist jedoch wichtig, diese Übung *täglich* und möglichst zur gleichen Uhrzeit zu machen, da dadurch das Kraftfeld aufgebaut und verstärkt wird.

Die Violette Flamme wirkt wie ein »Atom-Beschleuniger«, sie erhöht und verwandelt die niedrige Schwingungsfrequenz von mißtönender, disharmonischer Energie in harmonische. Sie bewirkt Wunder, wenn sie begleitet ist von dem *Gefühl der Vergebung* für die eigenen Fehler und die der anderen. Wenn also viele Menschen das Gesetz der Vergebung anrufen und die Violette Flamme um tatkräftige Hilfe bitten, werden die disharmonischen Energien, die jetzt verstärkt (zur Heilung) hochkommen, umgewandelt, und dies wird der ganzen Menschheit helfen.

Das Wissen um das Heilige Violette Feuer wurde bis vor kurzem nur in geheimen Tempeln der Aufgestiegenen Meister in den Ebenen des Lichtes gelehrt. Jetzt wird dieses Wissen veröffentlicht, damit jeder es gebrauchen und Freiheit erfahren kann. Jeder Mensch, der ernsthaft und mit tiefer Hingabe und Gefühl das Violette Feuer der Gnade und Umwandlung gebraucht, kann die Ursachen und Kernstücke der Disharmonie in seinen emotionalen, mentalen, ätherischen und physischen Körpern auflösen.

Die Macht der Anrufung (1)

Jeder auf dieser Erde hat die Fähigkeit, das Licht Gottes anzurufen. Das Universale Gesetz verlangt, daß der *Hilferuf von den Ebenen kommen muß, wo die Hilfe gebraucht wird*. Kosmische Wesen, Meister und Engel kommen nur, wenn wir darum bitten. »Bitte, und es wird Dir gegeben.« Auch wenn die Violette Umwandlungs-Flamme die Atmosphäre der Erde erfüllt, werden wir sie nur dann persönlich in unserem Leben erfahren, wenn wir sie durch die Macht der Anrufung in unsere Herzensflamme hineinziehen. Sie wird durch die Macht unserer eigenen Göttlichkeit, unserer »ICH BIN« Gott Gegenwart und unseres Heiligen Christ-Selbst, unserem Befehl gehorchen und das Dekret, die Verfügung, erfüllen. Denn dies ist auch ein Kosmisches Gesetz, daß das Licht Gottes dem Befehl der Göttlichkeit in unserem Herzen gehorcht.

Wenn wir die Violette Flamme rhythmisch und ständig anrufen, wird sie durch und um die atomaren, zellularen Strukturen unserer vier niederen Körper lodern und die Negativität, die jetzt die Elektronen umhüllt, umwandeln. Altern, Krankheit, Zersetzung und Verfall in unseren vier niederen Körpern bestehen nur, weil die angesammelte Negativität unserer vergangenen Gedanken, Worte, Handlungen und Gefühle die molekulare Struktur so stark verschmutzt hat, daß das Göttliche Vorbild (Schablone) innerhalb der RNS-DNS-Kodierung nicht ausgedrückt werden kann.

Jedes negative Muster, das sich in einem unserer vier niederen Körper (physischer, ätherischer, mentaler oder emotionaler) manifestiert, wird nur aufrechterhalten, weil wir bewußt oder unbewußt erlauben, daß sich negative Gedanken oder Gefühle rhythmischer und kraftvoller durch diese Körper bewegen als die Violette Umwandlungs-Flamme.

Um die Degeneration unserer vier niederen Körper zu beseitigen, müssen wir von unserer »ICH BIN« Gott-Gegenwart und unserem Heiligen Christ-Selbst rhythmisch verlangen und befehlen, daß das Violette Feuer der Umwandlung ständig in, durch und um jedes Elektron dieser Körper lodert, lodert und lodert. Das Violette Feuer muß eine größere Kraft in unserem Bewußtsein werden als jegliche physische Begrenzung oder Situation, gleichgültig wie leidvoll die Herausforderung ist oder wie oft wir schon mit ihr konfrontiert wurden. Durch diese Disziplin und Selbst-Meisterschaft werden wir unsere vier niederen Körper unter die Führung unseres Heiligen Christ-Selbst zurückbringen, so daß sie wieder der Göttlichen Führung folgen, der sie ursprünglich freiwillig dienen wollten.

Das Kraftfeld des Violetten Feuers, das unseren physischen Körper umgibt, wird schließlich so kraftvoll sein, daß es die Manifestation irgendeiner Form des Ungleichgewichts oder der Degeneration nicht zulassen wird, so daß dauerhaft und greifbar, grenzenlose physische Vollkommenheit in unserem Leben verwirklicht wird.

In jedem gesprochenen Wort ist der Heilige Atem der Schöpferkraft Gottes enthalten, die die Universale Licht-Substanz in das formt, was schwingungsmäßig mit dem Wort, das gesprochen wird, übereinstimmt. In den vergangenen Zeitaltern haben viele von uns disharmonische und unvollkommene Worte gebraucht, und die Formen davon pulsieren in der Erdatmosphäre, bis sie wieder in Harmonie umgewandelt werden. Anrufungen wurden uns gegeben, damit diese Formen von falscher Ausdrucksweise durch korrekte Sprache aufgelöst werden.

Eine Anrufung, die im Namen Gottes »ICH BIN« erfolgt, *lebt ewig*. Wenn möglich, sollten die Anrufungen laut, durch das gesprochene Wort erfolgen, da sie dadurch kraftvoller sind. Außerdem hören wir wiederholt das Wort. Dies geschieht ganz besonders, wenn eine

Gruppe die gleichen Worte wiederholt, wodurch das Kraftfeld immens verstärkt wird. Kosmische Wesen, Meister und Engel erhalten diese Anrufungen als *lebendige Form* aufrecht, zum Wohle der Menschen.

Wird die Anrufung dreimal wiederholt, bedeutet dies, daß das äußere Bewußtsein unseres physischen Selbst, das Bewußtsein des Heiligen Christ-Selbst (Jesus nannte dies »den Mittler zwischen Gott und Mensch«) und das Bewußtsein der All-Gegenwart, All-Macht und All-Weisheit unseres Gott-Selbst (der »ICH BIN« Gegenwart) im Einklang sind, um die gewünschte Manifestation hervorzubringen.

Ein aufbauendes Dekret ist immer eine Anrufung an Gott, an Aufgestiegene Meister oder an die eigene »ICH BIN« Gegenwart, die zur Form wird, die Gott mit Seiner elektronischen Licht-Substanz erfüllt. Dies erschafft eine pulsierende Schwingung innerhalb des äußeren Bewußtseins in einer Eigenschaft und Tätigkeit, die eine größere Manifestation des Göttlichen Planes zum Ausdruck bringt.

Gruppen-Visualisationen und Meditationen sind durch die Dynamik der Einheit auf eine bestimmte Form besonders wirksam. (Siehe *Welt-Heilungs-Meditation* am 31. Dezember um 12 Uhr GMT = 13 Uhr MEZ.)

Das Gnaden-Geschenk der Violetten Umwandlungsflamme ist wahrlich das *Geschenk der Freiheit*.

7. Universales Gesetz: Das Gesetz der Umwandlung

Das Licht Gottes ist ewig siegreich.

Dunkelheit kann nicht in der Gegenwart von Licht bestehen. Jegliche Disharmonie ist ein Mißbrauch der Göttlichen Energie des Geschenks des Lebens und ist eine *menschliche* Schöpfung. Nur Vollkommenheit besteht ewig, so daß jede Disharmonie eines Tages durch das Gesetz der Umwandlung in Licht verwandelt wird.

Uns ist jetzt durch die Anrufung der Violetten Flamme die Möglichkeit gegeben, jedes Elektron von Disharmonie zu befreien und umzuwandeln. Lenken wir bewußt das Violette Umwandlungs-Licht in unsere vier niederen Körper und in und um die Erde, fließt das Licht in jedes Elektron. Dieses wird sich schneller in seiner Umlaufbahn drehen, was wiederum die Schwingung unserer vier niederen Körper und der Erde erhöht. Je intensiver wir damit umgehen, um so weniger Unvollkommenheiten werden existieren. Gottes grenzenloses Licht gibt uns die Fähigkeit zur Auferstehung und zur Freiheit.

Übungen zum 7. Strahl Gottes Violett

Anrufung des Violetten Feuers (2)
Im Namen der allmächtigen Gegenwart Gottes »ICH BIN« rufe ich die Violette Flamme der Vergebung herbei

Oh, Violettes Feuer,
lodere in, durch und um meine vier niederen Körper
verwandle alles in mir in reines Licht,
bis es Gottes Wunsch entspricht.
Lodere, lodere, lodere,
lodere, lodere, lodere,
lodere, lodere, lodere.
Ich danke für die Tätigkeit des Violetten Feuers,
als Gottes Heiliger Name »ICH BIN«.

Visualisieren der Violetten Flamme zur Umwandlung der Vergangenheit (1) (auf Kassette erhältlich)

Der 7. Violette Strahl ist der führende Strahl für das Wassermann-Zeitalter und vibriert mit den göttlichen Eigenschaften der Vergebung, Gnade, Hingabe, Umwandlung, Freiheit und Gerechtigkeit. Unsere Umwandlung ist durch dieses kostbare Geschenk des Lichtes gesichert. Durch Deine Anrufung durchdringt die Violette Flamme die negativen Energien Deiner vier niederen Körper, das heißt, des physischen, ätherischen, mentalen und emotionalen Körpers, und verwandelt sie in Licht. Dies kann vom Verstand jedoch nicht begriffen werden.

Unter der Führung unseres Heiligen Christ-Selbst und unserer »ICH BIN« Gott Gegenwart in unserem Herzen wird die Violette Flamme jedes Elektron umwandeln, das wir jemals wissentlich oder unwissentlich mißbraucht haben. Durch die Vereinigung mit unserem Heiligen Christ-Selbst werden die vier niederen Körper erhöht. Sie werden sich ihres göttlichen Auftrags erinnern, ihn ausführen und physische Vollkommenheit verwirklichen.

Die folgende Visualisation ist sehr kraftvoll. Durch *tägliche* und *rhythmische* Anwendung, möglichst um die gleiche Uhrzeit, wird die Violette Umwandlungs-Flamme in ihrem Kraftfeld aufgebaut. Sie wird durch und um die atomaren, zellularen Strukturen unserer vier niederen Körper lodern und die Negativität, die wie eine schwere rußartige Substanz die Elektronen umhüllt, umwandeln. Dadurch können die Elektronen wieder schneller schwingen, und mehr Licht fließt ein. Du wirst Dich in Deinem Körper viel leichter fühlen. Altern, Krankheit, Degeneration und Verfall bestehen nur, weil die angesammelte Negativität unserer vergangenen Gedanken, Gefühle, Worte und Handlungen die molekulare Struktur so stark verschmutzt hat, daß das göttliche Vorbild der Vollkommenheit innerhalb der Zell-Information nicht ausgedrückt werden kann.

Auch wenn die Violette Flamme die Atmosphäre der Erde erfüllt, werden wir sie nur dann persönlich in unserem Leben erfahren, wenn wir sie durch die Kraft der Anrufung mit tiefer Hingabe in unsere Herzensflamme hineinziehen. Atme tief ein und fühle Dich in Harmonie mit der Göttlichkeit innerhalb Deiner Herzensflamme. Erlaube dem Violetten Feuer in, durch und um jedes Elektron Deines Wesens zu lodern.

Beginn der Visualisation:
(Diese Visualisation ist auch auf Toncassette erhältlich, gesprochen von der Autorin und begleitet von Erik Berglund mit himmlischer Harfenmusik, in der Schwingung der Violetten Flamme.)

Sitze oder liege bequem, die Arme seitlich und die Beine nebeneinander. Atme tief ein, und entspanne Dich vollkommen beim Ausatmen. Jegliche Anspannung fällt von Dir ab. Schließe Deine Augen, und stell Dir vor, Du bist an einem wunderschönen Ort, liegst in der Sonne an einem Strand, oder auf einer grünen Wiese. Empfinde die Wärme der Sonne, und fühle dich beschützt und sicher. Mit jedem Atemzug wirst Du lockerer, leichter und ruhiger.

In der Sonne liegend, siehst Du Dich jetzt umgeben von einem Kraftfeld aus Frieden und Schutz. Dann siehst Du, wie sich ein Kreis um Dich bildet. Bitte jetzt Dein Heiliges Christ-Selbst, jedes Erlebnis, das Deine Umwandlung blockiert und Dich in Begrenzungen gefangenhält, innerhalb des Kreises zu Dir zu bringen. Du wirst Erlebnisse von vergangenem Haß und Ärger innerhalb des Kreises finden. Auch Gefühle von Eifersucht, Angst, Neid und Zweifel. Du siehst Erlebnisse aus der Vergangenheit, bei denen Du Schmerzen, Verletzungen und Traurigkeit gefühlt hast, wo Du Dich selbst schlechtgemacht hast, Dich wertlos und unwichtig fühltest, die Dich Deiner Würde beraubt haben, Deines Selbst-Respektes und Deines Selbstwertgefühls.

Du erkennst, daß du mit diesen Erlebnissen, Menschen und Handlungen aus der Vergangenheit durch Stricke verbunden bist. Diese Stricke wurden in der Vergangenheit durch negative Gefühle und Gedanken erschaffen. Jedes andere Erlebnis, das Dich abhielt, grenzenlose physische Vollkommenheit zu erfahren oder das Dich hindert, in die Vollkommenheit Deines Heiligen Christ-Selbst transformiert zu werden, erscheint jetzt innerhalb des Kreises.

Um Dich aus der Vergangenheit und von diesen begrenzenden Bedingungen zu *befreien*, rufe jetzt mit tiefer Hingabe durch die Kraft Gottes, die in Deinem Herzen verankert ist, die *Violette Umwandlungs-Flamme*.

»Im Namen meiner Göttlichen Gegenwart »ICH BIN« und meines Heiligen Christ-Selbst, rufe ich die Violette Flamme der Vergebung herbei und bitte, daß die Kraft dieser Visualisation und der Anrufung mit dem Licht von tausend Sonnen täglich und stündlich verstärkt wird, soweit es das Kosmische Gesetz erlaubt.« Wiederhole drei Mal: »ICH BIN« *eine Kraft aus Violettem Feuer, machtvoller als jegliche menschliche Schöpfung*.«

»Geliebte Legionen des Lichtes, die zur Violetten Flamme und dem 7. Strahl gehören, lodert, lodert und lodert das *Violette Feuer* der Vergebung, Freiheit und Liebe in, durch und um jedes Elektron unserer vier niederen Körper bis sie der Göttlichen Vollkommenheit entsprechen. *Violette Flamme*, verwandle jede disharmonische Schwingung in Licht und entferne die dunkle Substanz, die die Elektronen umhüllt.«

Die heilige Essenz des Violetten Feuers ergießt sich jetzt in Dein Herz, und Du projizierst es aus Deinem Herzen in den Kreis. Erfülle den ganzen Kreis mit der vollen Kraft von Gnade, Mitgefühl, Vergebung, Umwandlung, Gerechtigkeit und Freiheit. Die Violette Flamme lodert in, durch und um jedes Elektron aus Energie innerhalb des Kreises. Dieser Kreis strahlt und glüht. Die Flamme verwandelt und verbrennt alle Stricke.

Fühle, wie die kristallene Violette Flamme Dich sowie auch alles andere im Kreis von dieser negativen Energie befreit. Fühle, wie sie höher und höher lodert, alle Stricke verbrennt und die Negativität auflöst. Die Heilung findet durch das Gesetz der Vergebung statt, und Du erfährst Befreiung und Freiheit. Jetzt vergibst Du Dir selbst, dann den anderen für ihr negatives Betragen Dir gegenüber und Dein Betragen ihnen gegenüber und wiederholst: »Mit aller Macht der Geliebten Gegenwart Gottes »ICH BIN« und dem Violetten Strahl ewiger Liebe, Gnade, Mitgefühl und Umwandlung:

ICH VERGEBE, ICH VERGEBE, ICH VERGEBE

jeder Person, jedem Ort, jedem Umstand oder Gegenstand, die mir je irgendwo, irgendwann Unrecht zugefügt haben, aus welchem Grund auch immer und ich *befreie* jetzt durch *Liebe* alle Schulden, die mir vom Leben irgendwo noch offenstehen.

Ich rufe jetzt das Gesetz der Vergebung für mich und die ganze Menschheit an, für allen Mißbrauch der Heiligen Energie Gottes seit Anbeginn der Zeit:

VERGEBT MIR! VERGEBT MIR! VERGEBT MIR!

Und da mir vergeben wird, sende ich ein Geschenk der Liebe hinaus, um alle Schulden dem Leben gegenüber, die ich jemals erschuf und die noch nicht beglichen sind, zu tilgen. »ICH BIN« dankbar für das

Gesetz der Vergebung. Durch Liebe befreie ich das Leben vom Gesetz der Ursache und Wirkung, bevor es in Tätigkeit tritt, sich manifestiert oder länger aufrechterhalten wird.

ES IST GETAN! DENN »ICH BIN« GOTTES KRAFT IN TÄTIGKEIT. SO SEI ES.«

Sieh, fühle und wisse, daß die Violette Umwandlungs-Flamme die Stricke verbrannt hat. Es ist ein wunderbares Gefühl zu wissen, daß das, was Dich in der Vergangenheit davon abhielt, Deine Wahre Gott-Wirklichkeit zu erkennen, Dich jetzt und für alle Zeit verläßt. Während Du von den Begrenzungen erlöst wirst, strahlst Du die rosa Essenz Deiner Liebe in den Kreis hinein. Du bestrahlst jeden in Deiner Familie mit dem rosa Licht der Liebe, Deine Freunde und Bekannten, bis Deine Liebe den ganzen Planeten überflutet. Liebe und Zustimmung fließen durch Dich in alles Leben. Du bist frei, und sie sind auch frei. Versiegle nun diese Tätigkeit des Lichtes und affirmiere:

»ICH BIN« FREI! »ICH BIN« FREI! »ICH BIN« EWIG FREI!
ICH BITTE MEINE GOTT-GEGENWART, DIESE TÄTIGKEIT DURCH MICH AUFRECHTZUERHALTEN UND SIE MIT JEDEM ATEMZUG, DEN ICH NEHME, ZU VERSTÄRKEN.

Fühle die Freude dieser neu gefundenen *Freiheit* und bedanke Dich in Deinem Herzen für die Tätigkeit des Lichtes.

Kehre nun mit Deiner Aufmerksamkeit wieder langsam in Deine Umgebung zurück, werde Dir Deines Körpers bewußt, atme tief ein und öffne Deine Augen beim Ausatmen.

Reinigungs-Übung zur Verwandlung disharmonischer Energien mit dem Violetten Feuer (2)

(Diese Visualisation ist auf Seite B der Toncassette *Visualisieren der Violetten Flamme*, gesprochen von der Autorin und begleitet von Erik Berglund mit himmlischer Harfenmusik, in der Schwingung der Violetten Flamme.)

Wenn Du Deine Gott-Gegenwart »ICH BIN«, Dein Heiliges Christ-Selbst und alle Legionen des Lichtes, die dem 7. Strahl dienen, anrufst, das Violette Feuer der Vergebung und der Umwandlung durch

Dich lodern zu lassen, wird dieses Feuer Disharmonien in Deinem emotionalen, mentalen, ätherischen und physischen Körper entfernen. Dadurch wirst Du Leichtigkeit und Freude in Deinen Gefühlen, Klarheit in Deinem Geist und Veränderungen in Deinem physischen Körper erfahren.

Erlaube dem Violetten Feuer in, durch und um jedes Elektron Deines Wesens zu lodern. Atme tief ein und fühle Dich im Gleichgewicht mit der Göttlichkeit innerhalb Deiner Herzensflamme.

Reinigungs-Übung:
Stehe aufrecht in Deinem Zimmer, und rufe die Violette Flamme der Umwandlung an, fordere sie auf, mindestens drei Meter in jeder Richtung um Dich, in und durch Dich zu lodern. Erhebe Deine Hände und bitte Dein Höheres Selbst, Deine Gott-Gegenwart, Deine Hände mit der *Reinigungs-Kraft der Violetten Umwandlungs-Flamme* aufzuladen.

»Im Namen meiner Göttlichen Gegenwart »ICH BIN« rufe ich die Legionen des Lichtes, die dem 7. Strahl dienen. VIOLETTES FEUER, LODERE, LODERE UND LODERE in, durch und um jedes Elektron meiner vier niederen Körper. *Verwandle alles in mir in reines Licht, bis es Gottes Wunsch entspricht*.«

Visualisiere, wie Deine Hände loderndes Violettes Licht ausstrahlen, pulsierend wie Sonnen aus Amethyst. Streiche mit Deinen Händen von oben, vom Kopf aus, nach unten über Deinen Körper bis zu Deinen Füßen. Berühre soviel Körper-Oberfläche, wie Du mit Deinen Händen erreichen kannst. Stell Dir vor, daß Deine Hände mächtige Magnete sind, die jede negative Schwingung aus Deinem Körper herausziehen.

Dann streiche mit Deiner linken Hand über Deine rechte Schulter, den Arm entlang und über die Hand; das gleiche mit der rechten Hand über die linke Schulter, den Arm entlang und über die Hand. Wiederhole dies alles vier Mal. Einmal für jeden der vier niederen Körper, den physischen, ätherischen, mentalen und emotionalen. Schüttle Deine Hände (von unterhalb der Taille) zwischendurch aus, um die schwere, disharmonische Energie, die von den Körpern entfernt wird, abzugeben, und visualisiere, wie die negative Energie in dem Dich umgebenden Violetten Feuer umgewandelt wird.

Du kannst Dich jetzt auf einen Stuhl setzen, die Wirbelsäule aufrecht, die Füße nebeneinander flach auf dem Boden und weiterhin das Violette Feuer in Dir und um Dich herum visualisieren.

Wenn nicht gleich, so doch später, wirst Du mit Deiner inneren Sicht sehen, was während dieser Übung geschieht. Im ersten Teil der Übung ist es so, als ob ein eng-sitzendes Kleid von dunkler Substanz mit Deinen Händen vom Körper entfernt würde. Das zweite Mal, wenn Du über den Körper streichst, ist das Kleid von grauer Substanz. Das dritte Mal, von hellerem Grau, und das vierte Mal ist es noch heller. Mit jedem Tag, an dem Du diese Übung machst, wird die astrale Substanz lichter und lichter in der Farbe, bis sie vollkommen vom Körper entfernt ist.

Diese Substanz ist echt, mit tatsächlicher Farbe, Schwingung und Gefühl, die durch den Mißbrauch von Energie während unseres Erden-Daseins erzeugt wurde.

Zur Beendigung der Übung visualisiere, wie sich die Violette Umwandlungs-Flamme durch Deine Herzensflamme ausdehnt und den gesamten Planeten überflutet. Dabei affirmiere:

»*Geliebtes Heiliges Christ-Selbst*… DEHNE AUS, DEHNE AUS, UND INTENSIVIERE TÄGLICH DIE MÄCHTIGSTE TÄTIGKEIT DES VIOLETTEN FEUERS in, durch und um jedes Elektron und Atom meines emotionalen, mentalen, ätherischen und physischen Körpers, bis sie alle *Gottes Vollkommenheit* entsprechen, die *Du bist*!«

»Im Namen der Allmächtigen Gegenwart Gottes »ICH BIN« und im Namen des Heiligen Christ-Selbst, das in jedem menschlichen Herzen pulsiert, bitte ich:

DURCHDRINGE MEINE GEFÜHLSWELT MIT DER VIOLETTEN UMWANDLUNGS-FLAMME (drei Mal)

DURCHDRINGE MEINE GEDANKENWELT MIT DER VIOLETTEN UMWANDLUNGS-FLAMME (drei Mal)

DURCHDRINGE MEINE ÄTHERISCHE WELT MIT DER VIOLETTEN UMWANDLUNGS-FLAMME (drei Mal)

DURCHDRINGE MEINE PHYSISCHE WELT MIT DER VIOLETTEN UMWANDLUNGS-FLAMME (drei Mal)

Als Gottes Heiliger Name »ICH BIN«.

Dankgebet
»Versiegelt in der Violetten Umwandlungs-Flamme, Geliebte Gegenwart Gottes »ICH BIN« in uns und in der ganzen Menschheit, Aufgestiegene Meister und Kosmische Wesen, Engel und Elementar-Königreiche, die uns heute gedient haben, wir danken Euch für die Ausschüttung des Lichtes und der Liebe. Wir danken Euch für Heilung, Versorgung, Weisheit, Schutz, Vollkommenheit und Euren reichen Segen. Bitte erhaltet diese Tätigkeit des Lichtes aufrecht, in, durch und um uns, und laßt es durch uns fließen, zum Segen und zur Erhebung allen Lebens auf unserem Planeten Erde.

Engel des Dienens und der Zeremonie, wir lieben, danken und segnen Euch für Euren heutigen wunderbaren Dienst. Nehmt unsere demütigen Bemühungen und verstärkt sie mit Eurer Mächtigen Liebe. Richtet sie nach Norden, Süden, Osten und Westen, und bedeckt unseren geliebten Planeten Erde mit Liebe und Licht, mit Frieden, Erleuchtung, Heilung, Freiheit, Sieg und dem Willen Gottes in jedem Elektron dieses Planeten und seiner Evolution. SO SOLL ES SEIN, denn wir sprachen als Gottes Heiliger Name »ICH BIN«.

Kehre nun mit Deiner Aufmerksamkeit wieder in Deine Umgebung zurück. Danke Deiner Göttlichen Gegenwart in Dir für die Tätigkeit des Lichtes. Atme tief ein und aus und öffne Deine Augen. Wenn Du möchtest, kannst du noch den Klängen der Harfe lauschen und Dich in der Schwingung des Violetten Lichtes baden.

8. Strahl Aquamarin

8. Aspekt Gottes: *Klarheit*
8. Universales Gesetz: *Das Gesetz der Polarität*

ENERGIE UND EIGENSCHAFTEN DES 8. STRAHLES SIND:

Lebendigkeit, göttliche Wahrnehmung, Unterscheidungskraft, Verstandesschärfe, die Eigenschaften eines spirituellen freien Wesens, Würde, Höflichkeit und königlicher Charme.

Sonnen-Zyklus: 22. Dezember bis 20. Januar
Sternbild: Steinbock

Der 8. Strahl Gottes strahlt als aquamarin-farbiges Licht durch die Atmosphäre der Erde und durch unsere Sonnen-Wirbelsäule im Bereich zwischen dem 5. (Hals) und 6. (Stirn) Chakra.

Dieser Strahl ist der Strahl der Klarheit. Durch die Erhöhung und Veränderung der Schwingungsfrequenz während des Jahres 1987 (Harmonische Konvergenz 17. August 1987) und des Jahres 1988, dem Jahr der Rückkehr der »ICH BIN« Gott-Gegenwart zur Erde – der Heilung unserer Trennung von Gott – wurde die siebenfältige Planetarische Wirbelsäule an die Frequenz der Zwölffältigen Sonnen-Wirbelsäule eines jeden Menschen auf inneren Ebenen angepaßt und monatlich ein Sonnen-Chakra mit der Eigenschaft des entsprechenden Strahles aktiviert. Die Sonnen-Wirbelsäule ist die Wirbelsäule unserer Gott-Gegenwart »ICH BIN«. Der Mensch erhielt auf inneren Ebenen Einweihungen in eine neue Identität, indem er eins wurde mit der Sonnen-Wirbelsäule der »ICH BIN« Gegenwart. Dadurch findet eine *Wiedergeburt* statt. Wir werden wiedergeboren, wenn wir das *kleine Selbst* besiegen und uns im Bewußtsein mit dem universalen Fluß von Gottes Willen, Gottes Weisheit und Gottes Liebe vereinen. Dies geschieht, wenn wir unser spirituelles Wesen mit der flammenden Substanz von Gottes »ICH BIN« verbinden.

Diese Zwölffältige Sonnen-Wirbelsäule mit ihren 12 Sonnen-Chakren ist wie eine große Lichtsäule und reflektiert die Strahlen der 12 Elektronischen Bänder, die als Kausalkörper um die Sonne pulsieren und die 12 Aspekte der Gottheit repräsentieren. Werden wir eins mit dem Lichtkörper unserer Gott-Gegenwart, bringen wir die 12 Aspekte Gottes auf Erden zum Ausdruck. Erkennt und akzeptiert die Menschheit die Beschleunigung des Bewußtseins, findet die planetarische Transformation statt.

Durch den Strahl der *Klarheit* werden die Fallgruben der *Welt der Illusion* offenbar. Gerade in der heutigen Zeit ist es sehr wichtig, Unterscheidungskraft anzuwenden. Unter den vielen Angeboten, die es in der Esoterik gibt, gilt es für jeden, das für ihn richtige auszuwählen. Wobei wir nicht den Einfluß der niederen Astral-Sphäre, die Kräfte des Ungleichgewichts, vergessen dürfen, die gerade jetzt ganz besonders darum kämpfen, ihre Nahrungszufuhr (Negativität) zu erhalten. Es gibt sehr viele Wesen aus dieser Ebene, die nur darauf warten, sich an jemanden anzuhängen und denjenigen dann negativ zu beeinflussen. Sie sind *Meister der Täuschung* und können sich als jedwede schönste und höchste Wesenheit ausgeben. Wenn Du Dich also zur Meditation öffnen möchtest und keine andere Einstimmung zur Meditation hast (wie einen erleuchteten Meister), dann rufe das Kraftfeld des Schutzes und verbinde Dich mit Deiner Gott-Gegenwart. (Siehe Übung *Verbindung mit Deinem Höheren Selbst* 1. Strahl Blau, auf Seite 80, außerdem das *Lichtmantel Dekret* in diesem Kapitel.) Du hast dann den entsprechenden Schutz. (Du läßt ja auch nicht Dein Auto mit dem Schlüssel im Zündschloß einfach so dastehen, so daß jeder, der möchte, einsteigen und losfahren kann, um es vielleicht zu Schrott zu fahren.)

Diese Information wird gegeben, um den Sucher der Wahrheit zu schützen und ihm zu helfen. Wenn wir bei außersinnlichen Wahrnehmungen mit Ebenen oder Energiefeldern umgehen, die über unsere fünf normalen Sinne hinausgehen, besteht immer die Möglichkeit, daß wir irrtümlich mit dieser niederen Astral-Ebene Kontakt haben, *wenn wir nicht die entsprechenden Vorsichtsmaßnahmen treffen*. Die Kräfte des Ungleichgewichts haben keine Macht über das Licht. Bitte den Strahl der Klarheit, Dich zu leiten. *Höre nur auf Deine eigene innere Stimme*, auf die Stimme der Gott-Gegenwart. Nur sie kennt Deinen göttlichen Plan und wird Dich zu Deinem höchsten Potential führen. Das nachfolgende *Lichtmantel-Dekret* wird Dich in ein Kraftfeld des Schutzes hüllen. Du solltest es als erstes jeden Morgen machen und es während des Tages sicher um Dich fühlen. Am Abend vor dem Einschlafen sollte der Schutz nochmals verstärkt werden, so daß er über Nacht wirksam ist. Das Praktizieren dieses *Schutzmantels aus Licht* sollte uns so selbstverständlich und automatisch sein wie Atmen.

8. Universales Gesetz: das Gesetz der Polarität – Klarheit

Jede Energie schwingt im Dual-Aspekt der männlichen und weiblichen Polarität Gottes. Die männliche Polarität Gottes reflektiert die Eigenschaft des *Göttlichen Willens*, die weibliche Polarität Gottes die Eigenschaft der *Göttlichen Liebe*. Damit sich elektronische Lichtsubstanz in physischer Form manifestiert, müssen beide Eigenschaften gegenwärtig sein. Die männliche Polarität Gottes drückt sich in der linken Gehirn-Hemisphäre aus – der rationale, logische Verstand, die weibliche Polarität in der rechten Gehirn-Hälfte – die schöpferische, intuitive Seite.

Diese beiden Polaritäten müssen auch in uns in vollkommenes Gleichgewicht gebracht werden. Jesus Christus gab uns das Beispiel vom vollkommenen Gleichgewicht von Göttlichem Willen und Göttlicher Liebe und wurde zum Sohn Gottes – dem Christus. Er zeigte uns den Weg und sagte: »Niemand kommt zum Vater denn durch mich« – den Christus. Durch das Gleichgewicht dieser Polaritäten werden auch wir zu Sohn/Tochter Gottes erhoben. Nur auf diesem Weg der Erleuchtung kehren wir zu unserem Vater/Mutter Gott zurück.

Siebenfältige Planetarische Wirbelsäule (1) Chakra	Zwölffältige Sonnen-Wirbelsäule (1) Chakra	Strahl
7. Chakra *Violett*	*Gold-Gelb* Erleuchtung, Weisheit, Verständnis	2.
6. Chakra *Indigo*	*Smaragd-Grün* Wahrheit, Weihung, Konzentration, Heilung, Inneres Sehen	5.
	Aquamarin Klarheit	8.
5. Chakra *Blau*	*Blau* Gottes Wille, Erleuchtete Wahrheit, Macht, Schutz	1.
	Magenta Harmonie, Gleichgewicht	9.
4. Chakra *Grün*	*Rosa* Göttliche Liebe	3.
	Gold Ewiger Frieden	10.
	Pfirsich Göttliche Zielsetzung, Enthusiasmus, Freude	11.
3. Chakra *Gelb*	*Rubin-Gold* Heilung, Anbetung, Gnade	6.
2. Chakra *Orange*	*Violett* Vergebung, Mitgefühl, Hingabe, Umwandlung, Freiheit	7.
	Opal Transformation	12.
1. Chakra *Rot*	*Weiß* Reinheit, Wiederherstellung, Auferstehung, Hoffnung	4.

Übungen zum 8. Strahl Gottes Aquamarin

Wiedergeburt der sieben Chakra-Zentren in die 12 Chakra-Zentren der Sonnen-Wirbelsäule (2)

In dieser Übung erfahren wir, wie unsere physische Wirbelsäule unserer »ICH BIN« Gegenwart angeglichen wird.

- Stehe aufrecht, die Füße einige Zentimeter auseinander.
- Fühle jetzt, wie aus dem Wurzel-Chakra am Steißbein der Fluß des Heiligen Feuers durch die spirituellen Kanäle Deiner Wirbelsäule nach oben zum Kronen-Chakra auf dem Kopf aufsteigt und wieder nach unten ins Wurzel-Chakra hinabfließt. Das Heilige Feuer ist ein spiralenförmiges Kraftfeld Deines Vater/Mutter Gottes, eine blaue Flamme, die die männliche Polarität Gottes, und eine rosa Flamme, die die weibliche Polarität Gottes reflektiert. Sie kreisen spiralenförmig in einem großen Tanz aus strahlendem Licht hinauf und hinunter.
- Atme langsam und rhythmisch.
- Kläre Deinen Verstand von allen Gedanken, und konzentriere Dich auf diese heilige Aktivität der spirituellen Evolution.
- Pausiere
- Die männliche und weibliche Flamme kreisen jetzt in vollkommenem Gleichgewicht und Harmonie und vollführen den Tanz des Lichtes, indem die universale Lebenskraft durch Deine vier planetarischen Körper fließt (physischer, ätherischer, mentaler und emotionaler).
- Fühle die sieben planetarischen Chakren. Jedes reflektiert die Vollendung seines Auftrages. Empfinde jedes einzelne Chakra als ausgeglichen, die männlichen und weiblichen Aspekte sind in absoluter Harmonie.

1. Wurzel-Chakra	Rot
2. Sakral- oder Milz-Chakra	Orange
3. Solar-Plexus-Chakra	Gelb
4. Herz-Chakra	Grün
5. Hals-Chakra	Blau
6. Stirn-Chakra	Indigo
7. Kronen-Chakra	Violett

Wenn die Heiligen Feuer Deines Vater/Mutter Gottes mit Deinen vier niederen Körpern in vollkommener Harmonie sind, erfährst Du einen Moment der schnellen Aufnahme in die höhere Schwingung Deiner »ICH BIN« Gegenwart. Unmittelbar und sehr sanft fühlst Du einen großen Stab von Sonnen-Feuer, der durch Deine 12 Chakren entlang Deiner Wirbelsäule lodert. Diese 12 Chakren sind wie lodernde Sonnen und reflektieren die Vollkommenheit der *Zwölf Eigenschaften der Gottheit*.

Am unteren Ende der Sonnen-Wirbelsäule (Steißbein) ist der Weiße Aspekt der *Reinheit*, als nächstes der Opale Aspekt der *Transformation*, dann:

der Violette Aspekt der *Freiheit*,
der Rubin Aspekt der *Gnade*
der Pfirsich Aspekt der *Göttlichen Zielsetzung*
der Goldene Aspekt des *Friedens*
der Rosa Aspekt der *Göttlichen Liebe*
der Magenta Aspekt der *Harmonie*
der Blaue Aspekt von *Gottes Willen*,
der Aquamarine Aspekt der *Klarheit*,
der Smaragdgrüne Aspekt der *Wahrheit*,
der Gelbe Aspekt der *Erleuchtung*.

Die planetarische Wirbelsäule wird von der größeren Sonnen-Wirbelsäule absorbiert; die planetarische Identität wird zur höheren Identität eines Göttlichen Wesens. Diese größere Identität ist ein elektronisches Muster aus frei-fließendem Licht. Es ist mehr als das atomare Muster von festen Proportionen von Atomen und Molekülen, die Du bisher als Deine physische Identität auf der materiellen Ebene akzeptiert hast. Es ist dieses elektronische Muster Deiner Göttlichen Identität, das wörtlich mit dem Licht der Sonne tanzt: ein himmlischer Edelstein, dessen Aura eine Ausstrahlung der Sonnen-Strahlung, kosmische Farben und Göttliche Eigenschaften enthält. Es ist dieses elektronische Muster, welches Deine fortdauernde Identität ist. Es ist dieses elektronische Muster, welches die Totalität von Gottes Vollkommenheit beinhaltet, und das fortlaufend Göttliche Segnungen in alles Leben strahlt.

Indem du Deine Göttliche Identität akzeptierst und erkennst, affirmiere mit tiefem Gefühl:

»ICH BIN« die Ewige Flamme des Lebens…, ein Weißes Feuer-Wesen aus dem Herzen des Allmächtigen.

Ich wohne innerhalb meines Zwölffältigen Strahles aus der Großen Zentral-Sonne…, gekrönt mit den 12 Diamantenen Strahlen der Errungenschaft.

Ich verweile auf meinem Heiligen Lotus-Thron des Lichtes…, und meine Liebe strahlt in die gesamte Schöpfung aus.

»ICH BIN« eine Sonne im unendlichen Palast des Lichtes… – meine Welt ist der Altar von unendlichem Raum… – meine Ausstrahlung…, der Frieden der Großen Solaren Stille.

»ICH BIN« die unsterbliche Flamme des Lebens überall, die Große Ewige Freude, Herrlichkeit und Vollkommenheit der Existenz.

»ICH BIN«… »ICH BIN«… »ICH BIN«… Zwölf Mal zwölf »ICH BIN«.

Ich trage goldene Sandalen mit Bändern aus Licht, eine Krone aus Sonnenstrahlen, eine Robe aus Gottes Macht. Ich trage ein Zepter, mein Zeichen der Kraft. Ich verströme reines Christus-Licht…, jeden Moment…, jede Stunde.

Lichtmantel-Dekret (1)

Geliebte Gegenwart Gottes »ICH BIN« in mir. Dankbar anerkenne ich in meinem Verstand und akzeptiere in meinem Gefühl die lebendige Wirklichkeit Deines Mantels aus elektronischer Licht-Substanz, die mich einhüllt in eine lodernde, sich ausdehnende Aura des Schutzes.

In meinem Herzen fühle ich die pulsierende Flamme der Göttlichkeit, die Christus-Gegenwart, welche durch mein Bewußtsein strahlt. Zu jeder Zeit fließen die Tugenden, Eigenschaften und Segnungen Gottes zu mir und durch mich in alles Leben überall.

Ich anerkenne und akzeptiere die mächtigen Legionen des Lichtes und die unbesiegbare Kraft des Glaubens von Erzengel Michael und meinem eigenen Schutzengel, und in liebevoller Überzeugung verfüge ich:

DAS LICHT GOTTES IST EWIG SIEGREICH (drei Mal wiederholen)
ICH LEBE DIESEN TAG IN GOTTES LICHT (drei Mal wiederholen)
GOTT IST IN DER FÜHRUNG, WO IMMER ICH BIN
(drei Mal wiederholen)
DIE HARMONIE MEINES WAHREN WESENS IST MEIN TOTALER SCHUTZ.

Ich bitte jetzt um zusätzliche Hilfe von Gottes herrlichem 1. Strahl. Ich sehe ein Schwert aus Blauer Flamme, welches sich von meinem Kronen-Chakra nach unten durch meine Wirbelsäule und durch meine Fußsohlen ausdehnt. Es durchstrahlt meine vier niederen Körper und SCHNEIDET FREI (drei Mal) alles, was nicht vom Licht ist.

»ICH BIN« einschließlich meiner vier niederen Körper jetzt umgeben von einem Ring aus strahlendem Weißen Licht. Dies ist ein Schutz-Ring, welcher verhindert, daß irgendetwas, was nicht vom Licht ist, mein Umfeld durchdringt.

In mein Kraftfeld werden jetzt Violette Lichtblitze aus dem Herzen Gottes hineingeschossen, die sofort jede Spur von Disharmonie, jeden negativen Gedanken, Wort, Gefühl oder Tat in Gottes Vollkommenheit verwandeln.

»ICH BIN«. Ich plaziere jetzt *lodernde, Saphir-Blaue Kreuze* um mich, vor mich, hinter mich, auf jeder Seite, oben und unten und errichte den unbesiegbaren Hüter von Gottes 1. Strahl des Schutzes.

Mein gesamtes Kraftfeld ist jetzt durchdrungen von einer Schwingung aus *reinem Licht* aus der fünften Dimension. Es ist eine spiegelartige Substanz, die mich unsichtbar und unverletzbar macht, gegenüber allem, was nicht vom Licht ist. Sie wird genannt *der Spiegel*, blaue Substanz der Unsichtbarkeit.

Falls irgendeine Negativität versucht, in meinem Kraftfeld aufzutauchen, wird sie auf sich selbst zurück reflektiert, zur Transformation in das Licht.

Geliebte Gegenwart Gottes »ICH BIN«, erhalte diese *Aktivität des Lichtes* aufrecht, um mich herum und meine Welt, so daß sich nur der *Wille Gottes* in *allen* meinen Tätigkeiten, an *allen* Orten, zu *allen* Zeiten manifestiert. Ich bitte darum… als Gottes Heiligster Name »ICH BIN«.

Wenn wir täglich das Kraftfeld des Schutzes anrufen, wird ein Impuls aufgebaut. Nach und nach werden wir die physische Wirklichkeit erkennen und fühlen. Es wird uns dann möglich sein, mit einem einzigen Gedanken sofort das Kraftfeld herzustellen. Dadurch wird unser ewiger Sieg im *Licht* gesichert sein.

9. Strahl Magenta

9. Aspekt Gottes: *Harmonie*
9. Universales Gesetz: *Das Gesetz der Harmonie*

ENERGIE UND EIGENSCHAFTEN DES 9. STRAHLES SIND:
Ausgeglichenheit, Festigkeit, Sicherheit, Vertrauen, in der Welt zu sein – aber nicht von ihr. Brennpunkt Erd-Element – physische Substanz der heiligen Substanz der Körper-Natur der Menschheit.

Sonnen-Zyklus: 22. November bis 21. Dezember
Sternbild: Schütze

Der 9. Strahl Gottes strahlt als magenta-farbiges (rötlich-violett) Licht durch die Atmosphäre der Erde und durch unsere Sonnen-Wirbelsäule im Bereich zwischen Herz- und Hals-Chakra.

Es ist der Strahl der Harmonie. Göttliche Ordnung und Harmonie sind Gottes Willen für dieses Universum. Innerhalb unserer Dreifältigen Gottes-Flamme in unserem Herzen befindet sich das Königreich der Harmonie. Wenn wir unsere menschliche Persönlichkeit oder Ego, unser äußeres Bewußtsein, dieser Dreifältigen Flamme der Göttlichkeit übergeben, werden Harmonie und Frieden in und von uns ausstrahlen.

Wenn wir dies täglich tun, werden wir nicht mehr von äußeren Umständen beeinflußt und aus unserer Mitte gerissen. Das wichtigste ist, daß wir in der Harmonie bleiben, gleichgültig, was außen geschieht. Dies erfordert Selbst-Disziplin, nämlich, daß wir nicht mehr zum Spielball unserer Emotionen werden. In den vergangenen Kapiteln haben wir erfahren, daß alles, worauf wir unsere Aufmerksamkeit oder unser Bewußtsein richten, Energie erhält und Gestalt annimmt, daß Energie im Kreislauf vervielfacht zurückkommt und daß ein jeder, je nachdem wie er die elektronische Lichtsubstanz benutzt, entweder zum Licht oder zur Dunkelheit der Umgebung beiträgt. Jeden Tag haben wir die Möglichkeit, besonders bei den alltäglichen Verrichtungen, in Harmonie und Frieden zu verbleiben. Wenn wir unsere Aufgaben oder Arbeiten mit Liebe und Freude verrichten, sind wir in der Harmonie und haben auch die entsprechende Kraft dazu, denn Liebe und Freude ist Kraft. Jedes Mal, wenn wir in disharmonischen Umständen in uns harmonisch bleiben, sind wir im Königreich des Himmels.

Wir meinen immer, wir müßten unbedingt etwas Spirituelles tun, um geistig zu wachsen. Das ist sehr gut, doch die Prüfungen erhalten wir gerade während unserer alltäglichen Pflichten, wie Arbeiten, Saubermachen, Kochen, Einkaufen. Erfüllen wir unsere Aufgabe mit Liebe, Freude und Harmonie? Unsere Gott-Gegenwart führt uns immer in eine Situation, die den nächsten Schritt in der Entwicklung darstellt und in der wir am meisten lernen, Selbst-Disziplin auszuüben. Erinnere Dich: Alles, was zu Dir als Problem zurückkommt, ist Deine eigene mißbrauchte Energie aus der Vergangenheit. Wenn Du also in der Harmonie bleibst, schaffst Du keine neuen negativen Energien, wie Du sie erzeugst, wenn Du Dich ärgerst, wütend, gestreßt oder unwillig bist.

Reagierst Du aber doch einmal disharmonisch, so rufe die Violette Flamme des 7. Strahles und bitte sie, diese mißklingende Energie umzuwandeln.

Jeder Tag bietet uns die wunderbare Möglichkeit, das Gesetz der Harmonie zu praktizieren und ihn mit Freude und Enthusiasmus zu leben, anstatt uns von einem unfreundlichen Wort, Ärger oder Angst aus der Bahn werfen zu lassen.

Harmonie ist die Quelle der Heilung, für unsere innere und äußere Welt.

9. Universales Gesetz: Das Gesetz der Harmonie.

Die Harmonie unseres wahren Wesens ist unser größtmöglicher Schutz.

Das Gesetz der Harmonie erhebt uns über die Frequenzen von Durcheinander, Chaos und Negativität, die sich in der Welt um uns herum befinden.

Nimm den Fluß der göttlichen Harmonie an, und umgib Dich in Deinem Leben, Deinem Heim, Deinem Arbeitsplatz, in Deinen Beziehungen, Gedanken und Gefühlen mit der Schwingung der Harmonie. Bitte Gott, alle Deine Tätigkeiten mit Harmonie zu erfüllen, so daß Du inneren Frieden fühlst. Deine innere Harmonie und Dein Frieden werden sich dann auch außen in der Welt manifestieren. Denn: wie innen – so außen.

Übung zum 9. Strahl Gottes Magenta

Anrufung für Widmung und Weihung (2)

O Du mächtige Höchste Quelle allen Lebens »ICH BIN«! Da ich tief in die ausgleichende Flamme der *Liebe, Weisheit* und *Macht* in meinem Herzen eintrete, nehme ich Dich bewußt als Schöpfer und Gebender aller Dinge an. Ich weiß, daß Du in allem Leben bist, und ich weiß, daß das »ICH BIN« *das Licht der Welt ist.*

In Deinem Namen trete ich jetzt alle Macht ab, die ich jemals dem äußeren Selbst gegeben habe; alle Macht, die ich jemals anderen gegeben habe; alle Macht, die ich jemals den Schatten gegeben habe, die ich erschuf.

Ich widme und weihe meinen bewußten Geist und mein Gefühl dem Wissen, daß bei jedem Gedanken, jedem Wort und jedem Schritt, die *Gegenwart Gottes* in mir die Grenzen *Seines Königreiches der Harmonie* erweitert.

»ICH BIN« EIN LICHTTRÄGER!

»ICH BIN« DAS LICHT DER WELT!

»ICH BIN« die Meister-Gegenwart, zu voller Größe entwickelt, gekleidet in die unsterbliche, siegreiche Dreifältige Flamme Gottes »ICH BIN«, durch die Macht der allmächtigen Gegenwart Gottes »ICH BIN«! ICH HABE GESPROCHEN! ICH HABE ANGERUFEN! UND ICH HABE MIT AUTORITÄT BEFOHLEN!... Denn

»ICH BIN« das »ICH BIN« in diesen Anrufungen!

»ICH BIN« das »ICH BIN« in diesen Affirmationen!

»ICH BIN« das »ICH BIN« in dieser kosmischen Macht, die sie versorgt, erhält und zu jeder Zeit erfüllt.

Als Gottes Heiliger Name... »ICH BIN«!

10. Strahl Gold

10. Aspekt Gottes: *Ewiger Frieden*
10. Universales Gesetz: *Das Gesetz des Gleichgewichtes*

ENERGIE UND EIGENSCHAFTEN DES 10. STRAHLES SIND:
Ewiger Frieden, die Große Stille, innere Ruhe, Ausgeglichenheit, Befreiung, Fülle, Reichtum, finanzielle Freiheit.

Sonnen-Zyklus: 23. Oktober bis 21. November
Sternbild: Skorpion

Der 10. Strahl Gottes strahlt als goldenes Licht durch die Atmosphäre der Erde und durch unsere Sonnen-Wirbelsäule im Bereich zwischen dem 3., dem Solar-Plexus-, und dem 4., dem Herz-Chakra. Die Schwingungsfrequenzen der Erde werden laufend erhöht und verstärkt, in einem Ausmaß, wie wir es noch nie erlebt haben.

Innerhalb des Strahles des Ewigen Friedens schwingt die Essenz der *Großen Stille*. Sind wir in der großen Stille, wohnen wir in Gott. In unserer Dreifältigen Flamme in unserem Herzen wohnt die große Stille. Wir können über den gleichmäßigen, heiligen Atem in die große Stille gehen. Dies kann beispielsweise über die Meditation erfolgen. Meditation ist die bewußte Verbindung mit Gott in der großen Stille. »Sei still und wisse, daß »ICH BIN« Gott.« Nachdem wir gebetet oder auch unsere Anrufungen oder Meditations-Techniken gemacht haben, sollten wir noch eine bestimmte Zeit ganz still sitzen, um zu *empfangen*. Dies fällt den meisten Menschen sehr schwer. Wir sind es ja gewöhnt, immer etwas zu tun. Die inneren Körper müssen zur Ruhe kommen, damit ein Gleichgewicht entsteht zwischen dem, was wir angerufen und für was wir gebetet haben (Energie, die wir ausgesandt haben), und dem Empfangen und Annehmen von Gottes Licht und seinen Geschenken.

Wenn wir uns angewöhnen, morgens und abends eine gewisse Zeit für die *Verabredung mit Gott* einzuplanen, dann werden wir auch in der heutigen, unruhigen Zeit innere Ausgeglichenheit finden. Die Ruhe, der Frieden und die Freude, die wir in der Meditation erfahren, können wir dann bewußt mit in das Tagesgeschehen nehmen und bewahren.

In der großen Stille vereinen wir uns mit der Gott-Gegenwart der Dreifältigen Flamme in unserem Herzen und empfangen Ausgeglichenheit in unserem physischen, ätherischen, mentalen und emotionalen Körper. Unsere Gott-Gegenwart »ICH BIN« wird dann die Führung übernehmen und unsere täglichen Unternehmungen mit Ausgeglichenheit segnen.

Die Gott-Gegenwart »ICH BIN« ist JETZT in uns. Wenn wir die Wahrheit annehmen können, daß diese Gegenwart in unserem Herzen fähig ist, alle negativen Umstände *jetzt* zu transformieren, erfahren wir den *Ewigen Frieden* in diesem Moment.

Die Licht-Essenz aus dem Herzen Gottes fließt in die Dreifältige Flamme in unserem Herzen. Die blaue Flamme stattet Dich mit der göttlichen Macht aus, so daß Du Deine Werke in Seinem Namen tun kannst. Die gold-gelbe Flamme erleuchtet Dein Bewußtsein, so daß Du die Macht weise gebrauchst. Die rosa Flamme führt und lenkt die erleuchtete Macht durch *Liebe* und zum Segen allen Lebens. Der göttliche Plan jedes einzelnen wird sich auf der physischen Ebene ausdrücken. Die Erde wird erfüllt von Gottes unendlichem Licht, und der Himmel manifestiert sich auf Erden.

Falls die vier niederen Körper während der Meditation ihren eigenen ablenkenden und verwirrten Gedanken und Erinnerungen nachhängen wollen, müssen wir ihnen befehlen: *Frieden – sei still.* Alles, was wir empfangen, erhalten wir von Gott. Wir können jedoch nur die Gnade und das Licht empfangen, wenn wir *still* sind.

10. Universales Gesetz: das Gesetz des Gleichgewichtes, Ewiger Frieden

Gleichgewicht in allen unseren Lebenserfahrungen bringt uns Ewigen Frieden auf allen Ebenen unseres Seins. Durch Ausgeglichenheit zentrieren wir uns in unserer Gott-Gegenwart und werden inneren und äußeren Frieden fühlen, so daß wir unser Göttliches Potential erfüllen können.

Übung zum 10. Strahl Gottes Gold

Affirmation: »ICH BIN« Frieden (1)
»ICH BIN« die offene Tür für die Sonnenstrahlen des Kosmischen Friedens aus der Großen Zentral-Sonne.

»ICH BIN« Ewiger Frieden, jetzt in den Herz-Zentren der ganzen Menschheit.

»ICH BIN« das goldene Licht des Ewigen Friedens, das alles Leben durchdringt.

»ICH BIN« in der Welt, aber ich wohne im Bewußtsein des Friedens der Großen Stille.

Transformation der vier niederen Körper in das makellose Konzept des Heiligen Christ-Selbst (1)
Durch diese Übung erfährst Du die Hilfe, die der Menschheit jetzt von Höchster Ebene gegeben wird, aus erster Hand. Das Göttliche Muster und der Göttliche Plan – das Makellose Bild oder Konzept –

wird innerhalb des physischen, ätherischen, mentalen und emotionalen Körpers wiederhergestellt. Du wirst durch diese Übung einen jeden dieser Körper energetisieren, bis die Kraft des Heiligen Christ-Selbst in diesen Körpern pulsiert, die Gesundheit, Schönheit, ewige Jugend und Ordnung auf allen Ebenen wiederherstellt.

Diese Visualisation ist als Vorbereitung zur Welt-Heilungs-Meditation am 31. Dezember auf der Kassette *Frieden auf Erden* von der Autorin gesprochen (Bezugsquelle: siehe Anhang).

Sitze aufrecht, die Wirbelsäule gerade, die Füße flach auf dem Boden, Arme und Beine *nicht* gekreuzt. Atme tief ein, und entspanne Dich beim Ausatmen. Schließe Deine Augen. Fühle, wie Du von einem unüberwindbaren Kraftfeld des Schutzes umgeben bist.

Die Visualisation ist in der Ich-Form geschrieben, so daß Du sie selbst individuell erleben kannst.

Beginn der Visualisation:
Direkt vom Herzen Gottes erscheint jetzt ein saphir-blauer Lichtstrahl. Er vibriert mit der vollen Kraft des göttlichen Willens und des göttlichen Schutzes. Dieser Strahl fließt jetzt in meinen Kopf und strahlt nach unten in mein Herz-Zentrum. Dort verbindet er sich mit dem göttlichen Funken in meinem Herzen und breitet sich wie eine gewaltige Sternenexplosion in meinen vier niederen Körpern aus. Er schneidet alles frei, was nicht vom Licht ist und hindert alles, was nicht vom Licht ist, daran, meine private Sphäre zu durchdringen. Ich bin jetzt eingehüllt in ein unüberwindbares Kraftfeld von Gottes Willen und Schutz.

Jetzt gehe ich in das goldene Thronzimmer meines Herzens, den geheimsten Platz des Heiligen Gottes, und knie nieder vor dem Altar der Liebe. Ich biete mein Alles zum Dienen an, indem ich mein niederes menschliches Bewußtsein der Vollkommenheit meines wahren Höheren Selbst, meiner wahren göttlichen Wirklichkeit, hingebe. Ich setze mich dann auf den goldenen Thron, und alle meine vier Körper werden ausgerichtet und in vollkommene Harmonie gebracht. Meine sieben Chakren sind ausgeglichen und schwingen in ihrer vollkommenen Richtung. Jedes Chakra ist ein erhabener Energie-Strudel und registriert keine Illusionen der Unvollkommenheit, die jetzt in der Umwelt erscheinen.

Ich atme nun tief die Essenz des heiligen Atems des Heiligen Geistes ein, und meine Körper beginnen sich auszudehnen... und auszudehnen... – bis sie die ganze Erde umfassen. Der Planet Erde befindet sich jetzt in der oberen Region meines Körpers, und die Dreifältige Flamme meines Herzens ist jetzt im Mittelpunkt der Erde verankert. Alles Leben, das zu dieser Zeit der Erde angehört und ihr dient, ist jetzt innerhalb meines Wesens. Diese Visualisation, jedes Gebet, jeden Anruf um Hilfe mache ich für alles Leben, das sich hier entwickelt. Ich trage jetzt mein nahtloses Gewand aus weißem Licht, und augenblicklich schwebe ich durch einen spiralenförmigen Lichtstrahl, hinauf zum Ewigen Licht.

Dann stehe ich vor einem prachtvollen Kristall-Tempel der Heilung, gehe die Stufen hinauf, durch die schweren Türen, gehe durch die Alabaster-Halle. Dann stehe ich in der Mitte eines zentralen Raumes, welcher von vier anderen Räumen an Kardinalpunkten umgeben ist. In der Mitte dieses zentralen Raumes pulsiert eine gewaltige, strahlende, kristallene Lotusblüte. Im Zentrum der Lotusblüte lodert eine Flamme mit madonnen-blauer Ausstrahlung. Es ist die Flamme des *Makellosen Bildes*. Ein Engelwesen winkt mir. Ich trete in die kristallene Lotusblüte und stehe in der funkelnden Essenz des Makellosen Bildes. Diese kristallene, weiße Flamme mit der madonnen-blauen Ausstrahlung beginnt in mir, durch mich, um mich und meine vier niederen Körper zu lodern. Ich spüre, wie die Schwingungsfrequenz meines Körpers erhöht wird. Mein Bewußtsein erweitert sich, und klarer als jemals zuvor nehme ich den göttlichen Plan jeder meiner vier Körper wahr.

Direkt aus dem Herzen Gottes strömt jetzt ein gewaltiger Lichtstrahl aus. Er pulsiert mit den göttlichen Eigenschaften der Wiederherstellung, der Umwandlung, der Heilung, ewiger Jugend und strahlender Schönheit. Dieser Lichtstrahl fließt ein in die Flamme des Makellosen Bildes und breitet sich in die vier anderen Räume aus, die speziell für einen jeden der vier niederen Körper vorgesehen sind.

Bewußt projiziere ich jetzt meinen emotionalen Körper mit allen seinen Gefühlen in den Raum mit dem Kardinalpunkt im Osten. Gottes Heiliges Licht beginnt in, durch und um diesen Körper zu lodern und verwandelt jede Spur von Unausgeglichenheit. Meine Göttliche Gegenwart projiziert den Göttlichen Plan für meinen emotionalen Körper in diesen Körper. Es beginnt zu pulsieren wie ein Lichtmuster und verwandelt diesen Körper augenblicklich in das Makellose Bild des Göttlichen Planes.

Bewußt projiziere ich jetzt meinen mentalen Körper und alle meine Gedanken in den Raum mit dem Kardinalpunkt im Westen. Gottes Heiliges Licht beginnt in, durch und um diesen Körper zu lodern und verwandelt jede Spur von Unausgeglichenheit. Meine Göttliche Gegenwart projiziert den Göttlichen Plan für meinen mentalen Körper in diesen Körper. Es beginnt zu pulsieren wie ein Lichtmuster und verwandelt diesen Körper augenblicklich in das Makellose Bild des Göttlichen Planes.

Bewußt projiziere ich jetzt meinen ätherischen Körper und alle meine Erinnerungen in den Raum mit dem Kardinalpunkt im Norden. Gottes Heiliges Licht beginnt in, durch und um diesen Körper zu lodern und verwandelt jede Spur von Unausgeglichenheit. Meine Göttliche Gegenwart projiziert den Göttlichen Plan für meinen ätherischen Körper in diesen Körper. Es beginnt zu pulsieren wie ein Lichtmuster und verwandelt diesen Körper augenblicklich in das Makellose Bild des Göttlichen Planes.

Bewußt projiziere ich jetzt meinen physischen Körper, jede Zelle, jedes Atom, jede Drüse, jedes Organ und jede Funktion in den Raum mit dem Kardinalpunkt im Süden. Gottes Heiliges Licht beginnt in, durch und um diesen Körper zu lodern und verwandelt jede Spur von Unausgeglichenheit. Meine Göttliche Gegenwart projiziert jetzt den Göttlichen Plan für meinen physischen Körper in diesen Körper. Es beginnt zu pulsieren wie ein Lichtmuster und verwandelt diesen Körper augenblicklich in das Makellose Bild für meinen Göttlichen Plan.

Jetzt gebe ich nacheinander jeden dieser gereinigten und ausgeglichenen Körper zurück in die Flamme des Makellosen Bildes, welche innerhalb der kristallenen Lotusblüte pulsiert. Dort werden diese Körper vollkommen in Einklang gebracht, zuerst der physische, dann der ätherische, der mentale und der emotionale Körper. Mit meinen ausgeglichenen, gereinigten Körpern lade ich jetzt magnetisch die Gedankenform für die Welt-Heilungs-Meditation auf, so daß sie sicher in der Herzensflamme jedes Mannes, jeder Frau, jedes Kindes verankert ist, die sich jetzt auf der Erde entwickeln. (Anschließend folgt auf der Kassette die Welt-Heilungs-Meditation, s. Seite 185.)

11. Strahl Pfirsichfarben

11. Aspekt Gottes: *Göttliche Zielsetzung und Auftrag*
11. Universales Gesetz: *Das Gesetz der Vollkommenheit*
Die erste Ursache Gottes ist die Vollkommenheit in allen Dingen.

ENERGIE UND EIGENSCHAFTEN DER GÖTTLICHEN ZIELSETZUNG SIND:
Erfüllung, selbstloses Dienen, das Leben durch Liebe befreien, Glücklich-Sein, Freude, Enthusiasmus, der kosmische Moment siegvoller Vollendung.

Sonnen-Zyklus: 23. September bis 22. Oktober
Sternbild: Waage

Der 11. Strahl Gottes strahlt als pfirsich-farbenes Licht durch die Atmosphäre der Erde und durch unsere Sonnen-Wirbelsäule im Bereich zwischen dem 3., dem Solar-Plexus-, und dem 4., dem Herz Chakra.

Dieser Strahl enthält die Göttliche Zielsetzung und den Auftrag der Vollkommenheit in allen Dingen, deren Eigenschaften Erfüllung, selbstloses Dienen, Glückseligkeit, Freude und Enthusiasmus sind. Jeder von uns ist auf der Suche nach dem Glück und möchte »glücklich sein«. Jahrtausende suchten wir »außen« nach Glück und Freude und wollten, daß uns gewisse Umstände von »außen« glücklich machen. Nun finden wir langsam heraus, daß dies nicht möglich ist. Das dauerhafte Glücksgefühl und die Freude kommen nur von innen, wenn wir die selbst-geschaffene Trennung von unserer eigenen Gott-Gegenwart »ICH BIN« heilen und unsere vier niederen Körper dieser strahlenden Licht-Gegenwart hingeben. Dann werden wir wissen: »Der Vater und ich sind eins. Alles, was der Vater hat, ist mein«. In diesem Bewußtsein ist das Glück und die Freude der natürliche Ausdruck unseres Wesens. Wir sind dann in der Lage, unser höchstes Potential und unseren Göttlichen Auftrag zu erfüllen, das Göttliche Licht in und durch alles Leben auf Erden zu strahlen. Selbst werden wir zu einer strahlenden Sonne von Gottes Licht, und dies segnet und erleuchtet das Bewußtsein eines jeden, der in unsere Einfluß-Sphäre kommt. Somit wird nach und nach die ganze Menschheit erleuchtet.

Das »Glücklich-sein« ist in unserer Herzensflamme enthalten. Es liegt bei uns, mit unserem freien Willen bewußt Glück und Freude für jeden Tag zu wählen. Wir sind Magneten und das, was wir denken, ziehen wir an. Fühlst Du also innere Freude und Enthusiasmus (griech. »Gott in mir«), ziehst Du auch dies in Deinem Leben an.

Wenn Du Glück und Freude in Dir fühlst, freuen sich auch alle Deine Zellen mit Dir, und dies wird als vollkommene Gesundheit, Jugend und Schönheit in Deinem Körper sichtbar. Unser physischer Körper reflektiert unser Bewußtsein. Wenn Du die vorgenannten Eigenschaften in Deinem Körper realisiert haben möchtest, bleibe in der Schwingung von Gottes Freude und Glück.

Jeder einzelne ist selbst voll verantwortlich dafür, wie er die elektronische Lichtsubstanz, die ihm in seinem Leben zur Verfügung steht, verwendet, ob positiv oder negativ, und trägt somit zur Schwingung auf dem ganzen Planeten bei.

Wir können alles in unserem Leben verändern. Veraltete Gedankenmuster, Gewohnheiten und negative Programmierungen aus der Vergangenheit durch neue, konstruktive Gedankenmuster zu ersetzen, bringt echte Transformation. Da wir alles mit unserem Bewußtsein, unseren Gedanken und Gefühlen erschaffen, müssen wir Selbst-Disziplin üben und dürfen diese alten, destruktiven Muster in unseren vier niederen Körpern nicht mehr zulassen, das heißt, wir selbst üben die Macht und den Befehl auf die niederen Körper aus. Siehe 4. Strahl *Beherrschung der vier niederen Körper* Seite 94). Außerdem ist uns noch das Gnaden-Geschenk der Violetten Umwandlungs-Flamme (7. Strahl) gegeben, die unsere alten Muster in Licht umwandelt. Es sind eigentlich unsere vier niederen Körper, die uns davon abhalten wollen, unseren Göttlichen Plan zu erfüllen. Die Befreiung kommt von unserer Gott-Gegenwart »ICH BIN«. Übergib die Führung Deiner Gott-Gegenwart und erlaube ihr, die Blockaden und Behinderungen auf Deinem Weg zu entfernen.

Sicher erkennst Du nun auch, daß Du selbst der Schöpfer Deiner Umstände bist, und somit gibt es auch keine Opfer. Jede Begegnung mit einem anderen Menschen hat einen bestimmten Grund, sie beinhaltet immer eine Gelegenheit zum Lernen und Wachsen. Unsere Umstände in unserem Leben und unser Umfeld sind die Spiegelung unseres Bewußtseins. Glücklich zu sein, ist unsere eigene Entscheidung, nicht ein Resultat der Umstände oder äußerer Einflüsse. Entscheidest Du Dich für Glück und Freude, wirst Du Deinen Göttlichen Auftrag und Plan mit Enthusiasmus erfüllen.

11. Universales Gesetz: Das Gesetz der Vollkommenheit

Göttliche Zielsetzung und Auftrag, Enthusiasmus und Freude. Die Erste Ursache Gottes ist Vollkommenheit.

Der Göttliche Wille ist *Vollkommenheit* in allen Dingen. Der Zweck und Sinn unseres Daseins ist es, zu lernen, die Fähigkeiten unserer Gedanken und Gefühle so zu benutzen, daß Gottes Wille der Vollkommenheit hier in der Welt der Form mit Freude und Enthusiasmus ausgedrückt wird. Jede manifestierte Form enthält den Göttlichen Plan der Vollkommenheit, genannt *das Makellose Konzept oder Bild*. Dieses Makellose Konzept für alles Leben wird von Gott aufrechterhalten. Vereinen wir uns mit unserer Gott-Gegenwart »ICH BIN«, werden wir Eins mit Gott und können den Göttlichen Plan in allem Leben klar erkennen.

Jede Person, jeder Ort, Umstand oder Gegenstand enthält in sich den Plan der Vollkommenheit. Auch wenn es von außen nicht so aussieht, der Kern der Reinheit in jedem Elektron ist unbesiegbar.

Anrufungen zum 11. Strahl Gottes

»Ich übergebe die Führung meiner Gott-Gegenwart« (2)
»Mächtige »ICH BIN« Gegenwart, übernimm heute die Führung meines äußeren Selbst. Übernimm den Befehl für jeden Gedanken, jedes Gefühl, für jedes gesprochene Wort, jede Tätigkeit und Reaktion.

Stelle Deine Vollkommenheit her. Erhalte Deine Herrschaft aufrecht. Führe und erhalte mich immer am richtigen und vollkommenen Platz. Zeige mir die Vollkommenheit in allem, was zu tun ist, und durch mich vollbringe alles in Vollkommenheit. So sei es, Geliebtes »ICH BIN«.«

Anrufung zur Wiederherstellung meines Lebens (2)
»Meine Göttliche Essenz..., ich liebe Dich und bete Dich an. Erleuchte jede meiner Bemühungen, um *eins mit Dir zu werden*. O, flammende Gegenwart des Lichtes, laß das Geschenk der Göttlichen Liebe, das allein von Dir gegeben wird, durch mich fließen, um alles Leben zu befreien. Ich bitte darum, der Liebe offene Tür zu sein.

Und während ich meine Reise zur Ewigen Einheit mit Dir beschleunige, ziehe ich alle meine Energie bewußt zu mir zurück mit dem Wunsch, sie durch Liebe zu befreien. Bitte hilf mir, ›O, Flamme in meinem Herzen‹, mich selbst durch Liebe zu befreien... und alle zurückkehrende Energie..., während ich meines Vaters Werke tue, um das Leben durch Liebe zu befreien.

In Deinem Namen erkenne ich jetzt in meinen tag-täglichen Erfahrungen an: ›Ich fordere alle meine Energien zurück und gebe sie in das *Herz der Liebe*‹. (drei Mal)

»ICH BIN« das Violette Feuer in Tätigkeit, das mich durch Liebe befreit. (drei Mal)

»ICH BIN« dem heiligen Violetten Feuer dankbar, dem mächtigsten Aspekt der Liebe, das augenblicklich alle ausstehende Energie zurück in Vollkommenheit umwandelt.

»ICH BIN« durch Dich wieder ganz hergestellt.

Als Gottes heiligster Name »ICH BIN«.

12. Strahl Opalfarben

12. Aspekt Gottes: *Transformation*
12. Universales Gesetz: *Das Gesetz der Einheit*
Alles, was existiert, ist ein Teil der all-umfassenden Gegenwart Gottes.

ENERGIE UND EIGENSCHAFTEN DES 12. STRAHLES SIND:
Umwandlung, Umgestaltung, Wiedergeburt, Verjüngung, die heilige Substanz des menschlichen Geistes – Brennpunkt: Feuer-Element.

Sonnen-Zyklus: 23. August bis 22. September
Sternbild: Jungfrau

Der 12. Strahl Gottes strahlt als opal-farbenes Licht durch die Atmosphäre der Erde und durch unsere Sonnen-Wirbelsäule im Bereich zwischen dem 1., dem Wurzel- und dem 2., dem Sakral-Chakra.

Alles, was existiert, ist ein Teil der all-umfassenden Gegenwart Gottes. Wir befinden uns in einer großen planetarischen und individuellen Transformation. Diese geschieht, wenn wir die äußere Persönlichkeit (Ego, die vier niederen Körper) mit unserem wahren Gott-Selbst vereinen. Hierbei helfen uns die starken Licht-Energien, die laufend in den Planeten strömen. Hat unser Gott-Selbst wieder die Führung der menschlichen Persönlichkeit übernommen, empfangen wir die Weisungen für unser Leben aus den Ebenen der Wahrheit, so daß wir unsere »Schulaufgaben« im Erden-Klassenzimmer lösen und unseren göttlichen Plan erfüllen können.

Als wir uns von unserer Gott-Gegenwart im Bewußtsein trennten, schufen wir uns viele Begrenzungen und falsche Glaubenssysteme. Nun bedarf es einer Berichtigung und Neu-Einstellung unseres Bewußtseins, um diese Trennung wieder aufzuheben.

Unsere Körper werden gereinigt und erhöht, wenn wir die Eigenschaften Gottes durch unsere Herzensflamme hereinziehen, um der Menschheit und allem Leben selbstlos zu dienen, so daß die planetarische Transformation beschleunigt wird. Wir werden zum Meister unseres Lebens. Göttliche Liebe, die größte Kraft im Universum, ist der Magnet für die Transformation. Sie vereint und hält alles zusammen in vollkommener Freiheit. Göttliche Liebe ist Macht – göttliche Liebe ist Weisheit. Mit Liebe, Weisheit und Macht ist die Transformation gesichert. In diesem kosmischen Moment auf der Erde wird die Materie transformiert.

12. Universales Gesetz: Das Gesetz der Einheit

Alles, was existiert, ist ein Teil der all-umfassenden Gegenwart Gottes. *Transformation.*

GOTT IST ALLWISSEND, ALLGEGENWÄRTIG, ALLMÄCHTIG, ALLES IST GOTT. Jedes einzelne Elektron der Lebensenergie ist eine Zelle im Körper Gottes. Es gibt nichts, was nicht von Gott ist. Alles Leben entwickelt, wächst und verändert sich. Alles Leben steht in Beziehung. Jeder Teil des Ganzen enthält alle Teile des Ganzen, und sie beeinflussen sich gegenseitig. Indem wir wachsen und unsere Schwingung im Bewußtsein erhöhen, wird alles Leben mit erhöht. Jeder positive Gedanke, jedes positive Gefühl, das wir haben, segnet alles Leben auf Erden.

Die Zeit ist jetzt da, wo wir die *Einheit allen Lebens* erkennen müssen. Wir tragen die Verantwortung, daß die Lebensenergie nur positiv verwendet wird.

Übung zum 12. Strahl Gottes Opalfarben

Einatmen des Lichtes der Transformation (1)
Wir verdanken unserer physischen Sonne sehr viel. Die Sonne strahlt Licht und lebensspendende Substanz in die ganze Schöpfung aus. Natürlich sind wir uns unserer Sonne bewußt. Wir sollten jedoch auch erkennen, daß wir durch unsere Aufmerksamkeit, durch Liebe und Dankbarkeit, die segnende Ausstrahlung der Sonne in unser Wesen ziehen können, die sie mit Freude auf alles auf der Erde ausstrahlt.

Bei der folgenden Übung stelle Dich mit dem Gesicht zur Sonne oder visualisiere sie. Zieh das Licht in Dich ein. Stehe aufrecht, die

Füße zusammen. Während Du einatmest, erhebe Deine Arme in die Waagerechte (wie ein Kreuz), die Handflächen nach oben. Diese Haltung symbolisiert die vollkommene Hingabe an unseren Himmlischen Vater/Mutter-Gott.

Aufrecht stehend, die Füße zusammen, visualisierst Du opalisierende Lichtstrahlen, die aus der Sonne zu Dir hinstrahlen.

- Atme ein, erhebe Deine Arme (wie bei einem Kreuz) und zähle dabei bis vier. (Atme dabei die Transformations-Strahlen in Dein Herz.)
- Halte den Atem bis vier zählend an (Arme noch in der Waagerechten). Nimm dabei die Strahlen in jede Faser Deines Wesens auf.
- Atme aus, bis vier zählend, führe dabei die Arme nach unten, an die Seite. Fühle, wie sich das Licht überallhin ausdehnt. Atempause bis vier zählend, die Arme verbleiben seitlich.

Diese Atemübung soll insgesamt sieben Mal gemacht werden.

Dann sprich das folgende mit tiefem Gefühl:

»ICH BIN« TRANSFORMIERT. (drei Mal)

ICH ZIEHE DEN SEGEN UND DIE LIEBE GOTTES IN MEIN WESEN. ICH NEHME DIESES LICHT IN JEDE ZELLE MEINES KÖRPERS AUF. »ICH BIN« STRAHLENDES LICHT. »ICH BIN« ERFÜLLT VOM LICHT. »ICH BIN« DANKBAR, DANKBAR, DANKBAR FÜR DAS LICHT, UND ICH LIEBE DAS LICHT.«

Bitte beachte, daß Rhythmus in allen dauerhaften Manifestationen sehr wichtig ist. Wenn du rhythmisch atmest, wird Dein geistiger Fortschritt beschleunigt.

Durch tägliches Üben und Ausdauer ziehst Du das Licht aus dem Herzen Gottes in jede Zelle und jedes Atom Deines Wesens. Dies wird Dir Gesundheit, Jugend, klares Denken sowie Weisheit, Fülle und Transformation bringen.

»ICH BIN« DER ATEM DER TRANSFORMATION, DER DURCH MEIN WESEN IN DEN GROSSEN KOSMISCHEN ATEM GOTTES STRÖMT, DER ALLES IN VOLLKOMMENHEIT VEREINT . . . ÜBERALL!!! drei Mal)

Visualisieren der 12 Sonnen-Chakra Strahlen für Heilung und Selbst-Meisterschaft

(Diese Visualisation ist auch auf Toncassette zum Buch erhältlich, gesprochen von der Autorin und begleitet von Erik Berglund mit himmlischer Harfenmusik, in der jeweiligen Schwingung der Eigenschaften der 12 Strahlen.)

Die folgende Visualisation macht Dich mit den 12 Strahlen Gottes und ihren Eigenschaften bekannt. Sie dient dazu, Dich mit der Gegenwart Gottes in Deinem Herzen, Deinem Göttlichen Selbst, wieder zu vereinen. Du wirst Heilung, Umwandlung und Vollkommenheit erfahren, wenn Du bewußt die 12 Strahlen aus dem Herzen Gottes in Deinen Körper und in Dein Energiefeld lenkst, um sie dadurch aufzunehmen.

Alles, was Du denkst und fühlst, alles, worauf Du Deine Aufmerksamkeit richtest, erhält Energie. Dadurch werden Gedanken und Gefühle Wirklichkeit und nehmen Gestalt an. Du wirst zu dem, was Du in Wahrheit bist: ein göttliches Wesen, das hier auf Erden eine körperliche Erfahrung macht. *Selbst*-Meisterschaft bedeutet, mit unserem freien Willen zu entscheiden, daß wir die Führung in unserem Leben unserem Göttlichen Selbst übergeben, so daß unsere Ego-Persönlichkeit diesem Höheren Selbst dient.

Die Strahlen sind flammende Geist-Substanz und enthalten unzählige Millionen tanzender Elektronen. Kleinste vibrierende Lichtfünkchen, die rein und vollkommen mit den besonderen Eigenschaften aus der göttlichen Quelle aufgeladen sind, bereit, den Auftrag unseres Bewußtseins zur Verwirklichung der göttlichen Eigenschaften gemäß unseres göttlichen Planes auszuführen. Da Du den freien Willen erhalten hast, bleibt es Dir überlassen, wie Du die elektronische Lichtsubstanz gebrauchst, ob Du sie harmonisch oder disharmonisch durch Dich fließen läßt. Sie wird von Deinen Gedanken, Gefühlen, Worten und Handlungen beeinflußt und kehrt, nach dem Gesetz des Kreislaufs, zu Dir, dem Absender zurück.

Visualisation:

Setze Dich auf einen Stuhl, die Wirbelsäule aufrecht, die Füße nebeneinander flach auf dem Boden, oder lege Dich auf den Rücken, mit gerader Wirbelsäule. Schließe Deine Augen. Berühre Deinen Körper sanft mit Deinen Händen, wo auch immer Du sie intuitiv hinlegen möchtest. Die Hände sind die Verlängerung des Herzens und segnen Dich und alles, was Du berührst, ganz besonders, wenn Du schon die Einweihung in *Reiki* empfangen hast.

Atme tief ein und aus, und lockere Dich. Fühle, wie Du von einem unüberwindbaren Kraftfeld aus Gottes blauem Licht umgeben und geschützt bist.

Begib Dich jetzt auf einen Spaziergang. In Deiner Vorstellung wanderst Du auf einer grünen Wiese entlang eines Baches. Die Vögel zwitschern und die Sonne strahlt aus blauem Himmel.

Bald kommst Du an einen erfrischenden Wasserfall und lauschst dem Rauschen... Atme gleichmäßig in einem ruhigen Rhythmus ein und aus... Öffne jetzt einmal ganz weit Deinen Mund, soweit es geht. Laß wieder los und fühle die Entspannung im Kiefer.

Nun bist Du ganz gelöst und bereit, die Energien der heilenden Lichtstrahlen Gottes aufzunehmen, die jetzt durch Deine Zwölffältige Sonnen-Wirbelsäule, die mit Deiner Siebenfältigen Planetarischen Wirbelsäule verbunden ist, in Deine Chakren einfließen.

Sprich die folgende Anrufung:

»Im Namen meiner *Göttlichen Gegenwart* »ICH BIN« rufe ich die 12 Strahlen aus dem Herzen Gottes an und bitte sie: *Lodert, lodert* und *lodert* die göttlichen Eigenschaften durch meine Herzensflamme in und um mich und alles Leben überall, damit sich der göttliche Plan erfüllt.«

Konzentriere Dich jetzt auf Dein Herz-Zentrum. Dort lodert Deine Dreifältige Flamme, es ist die Gott-Gegenwart in Dir. Links lodert die blaue Flamme mit dem 1. Strahl von Gottes Willen, Macht und Schutz. Der Göttliche Wille ist Vollkommenheit in allem, Licht, Liebe, Güte, Gnade, Gesundheit, Fülle, Frieden und Einheit. Rechts pulsiert die rosa Flamme, der 3. Strahl Göttlicher Liebe, und in der Mitte die gold-gelbe Flamme des 2. Strahles, der Weisheit und Erleuchtung.

Atme jetzt tief in Deine Herzensflamme hinein, so daß sie hell auflodert, sich vergrößert, bis sie Deinen Körper von unterhalb der Füße bis über den Kopf sowie Dein ganzes Umfeld mit Deinen feinstofflichen Körpern, mit diesen pulsierenden, spiralförmig-kreisenden Flammen einhüllt. Fühle die innere Wärme und den tiefen Frieden, die Geborgenheit und Liebe. Wiederhole innerlich oder sprich die Affirmationen laut nach: »ICH BIN« DIE GÖTTLICHE LIEBE IN TÄTIGKEIT. »ICH BIN« DIE DREIFÄLTIGE FLAMME DER LIEBE, WEISHEIT UND MACHT. »ICH BIN« EINS MIT MEINEM CHRISTUS-BEWUSSTSEIN. Alle Elektronen, die durch meinen Lebensstrom fließen, werden nur für Harmonie, Liebe und Freude genutzt, so daß sie ihrer Göttlichen Bestimmung entsprechen.«

Nun kannst Du Dich über Deine aktivierte Herzensflamme mit den weiteren Strahlen verbinden und diese in Dich hineinlenken. Atme jeden Strahl und seine besonderen Eigenschaften tief in Dein Herz ein. Fühle diese Eigenschaften. Beim Ausatmen dehnt sich der Strahl in Dein Umfeld aus, in Deine Wohnung, Dein Haus, Deine Stadt, Dein Land, bis er die ganze Erde und alles Leben überflutet. Jegliche Disharmonien werden jetzt durch Gottes Licht umgewandelt. Du kannst auch einen Strahl wie einen Laserstrahl aus Deinem Herzen in eine bestimmte Situation senden, so daß sich der Göttliche Plan verwirklichen kann.

Visualisiere jetzt den weißen 4. Strahl Gottes mit den Eigenschaften der Reinheit, Wiederherstellung, Auferstehung und Hoffnung. Es ist die Auferstehung der Materie zur Reinheit. Atme den weißen Strahl durch Deine Herzensflamme ein. Erfülle Dein Wurzel-Chakra mit weißem Licht und wiederhole innerlich: »ICH BIN« DIE AUFERSTEHUNG UND DAS LEBEN. ICH ÜBERGEBE DIE FÜHRUNG MEINEM GÖTTLICHEN SELBST. NUR VITALE, GESUNDE, VOLLKOMMENE UND NEUE ZELLEN STRÖMEN IN MEINEN KÖRPER.

Atme nun den smaragd-grünen 5. Strahl Gottes in Dein Herz hinein. Er vibriert mit den Eigenschaften der Wahrheit, Heilung und Hingabe, des Inneren Sehens und der Weihung. Fühle die beruhigende, erneuernde Energie und dehne den Strahl aus. Wiederhole innerlich: »ICH BIN« GEHEILT DURCH GOTTES ALLMÄCHTIGES LICHT. »ICH BIN« DER WEG, DIE WAHRHEIT UND DAS LEBEN.«

Der 6. Strahl ist rubin-gold und hat die Eigenschaften der ausübenden Gnade, des selbstlosen Dienens, der Heilung und Anbetung. Das Christus-Bewußtsein arbeitet durch die Persönlichkeit. Atme das rubin-goldene Licht in Dein Herz, erfülle Deinen Solar-Plexus, Deinen Körper und alles um Dich herum mit diesem rubin-goldenen Licht. In der Stille wiederhole: »ICH BIN« DIE ERFÜLLUNG MEINES GÖTTLICHEN PLANES. ICH NEHME DIE GÖTTLICHE GNADE IN TIEFER DANKBARKEIT AN.«

Stelle dir jetzt den violetten Strahl vor, es ist der 7. Strahl Gottes mit den Eigenschaften der Freiheit, Umwandlung, Vergebung, Liebe und Hingabe. Atme das violette Feuer in Dein Herz hinein und bitte es, in Dir und um Dich zu lodern und Dich zu reinigen. Leite es in Dein Sakral-Chakra. Alles in Dir und um Dich herum, was nicht der Harmonie und Gottes Wunsch entspricht, verwandelt sich in reines Licht. Wiederhole innerlich mit tiefem Gefühl: »ICH BITTE UM VERGEBUNG. ICH VERGEBE ALLEN. ICH VERGEBE MIR SELBST. »ICH BIN« FREI.«

Falls Du mit irgend jemandem eine disharmonische Beziehung oder Situation hast, so kannst Du den violetten Strahl bitten, diese Energien durch Liebe und Vergebung in Gottes Licht umzuwandeln. Der 7. Strahl ist der führende Strahl für dieses Zeitalter. Sende ihn durch Deine Herzensflamme in die Probleme der Welt und erfülle die ganze Erde und ihr Umfeld mit der violetten Flamme. Wiederhole still: »»ICH BIN« DIE KRAFT DES VIOLETTEN FEUERS.«

Der aquamarin-farbene 8. Strahl vibriert mit den Eigenschaften der Klarheit, Lebendigkeit, göttlichen Wahrnehmung, Unterscheidungskraft, Höflichkeit und des Charmes. Atme das aquamarin-farbene Licht in Dein Herz hinein, leite es in Dein Hals-Chakra und laß es Dein Leben mit Klarheit erfüllen. Bitte Dein Göttliches Selbst, Dir Unterscheidungskraft zu geben, so daß sich alles in Deinem Leben zu Deinem und der anderen höchsten Wohle entfaltet. Wiederhole innerlich: »ICH LEBE IM LICHT DER KLARHEIT. GOTT IST IN DER FÜHRUNG, WO IMMER »ICH BIN«.« Bitte Dein Göttliches Selbst, Dich mit dem Licht Gottes zu umgeben, so daß sich nur der Wille Gottes in allen Deinen Tätigkeiten, an allen Orten, zu allen Zeiten manifestiert.

Der 9. Strahl hat die Farbe Magenta. Es ist ein rötlich-violettes Licht. Der Strahl vibriert mit den göttlichen Eigenschaften der Harmonie, Ausgeglichenheit, Sicherheit und dem Vertrauen, in der Welt zu sein – aber nicht von ihr. Durch die Harmonie Deines wahren Wesens, Deines Göttlichen Selbst, wird sich Harmonie in Deinem

Leben als vollkommene Gesundheit, Fülle, Frieden und Ausgeglichenheit verwirklichen. Atme jetzt den magenta-farbenen Strahl der Harmonie in Dein Herz. Leite den Strahl in den Bereich zwischen Deinem Herz- und Hals-Chakra und dehne ihn dann um Dich herum aus. Wiederhole still: »ICH BIN« HARMONIE UND FRIEDEN. ICH ÜBERGEBE MICH DER GÖTTLICHEN GEGENWART IN MEINEM HERZEN UND FINDE DAS KÖNIGREICH DER HARMONIE IN MIR. MEIN LEBEN UND MEINE WELT SIND ERFÜLLT VON HARMONIE UND SCHÖNHEIT.«

Atme jetzt den goldenen 10. Strahl des Ewigen Friedens, des Gleichgewichts, der Befreiung, der Großen Stille und inneren Ruhe in Dein Herz. Erfülle den Bereich zwischen dem Solar-Plexus und dem Herzen mit goldenem Licht und dehne das Licht in Dir und um Dich aus. Fühle die tiefe Stille und den inneren Frieden. Empfange in der Großen Stille vollkommene Ausgeglichenheit in Deinem physischen, ätherischen, mentalen und emotionalen Körper. Aus der Großen Stille im Herzen Gottes fließt die Licht- und Lebens-Essenz in Deine Dreifältige Flamme in Deinem Herzen. Die blaue Flamme stattet Dich mit der Göttlichen Macht aus, so daß Du Deine Werke in Seinem Namen tun kannst. Die gold-gelbe Flamme erleuchtet Dein Bewußtsein, so daß Du die Macht weise gebrauchst. Die rosa Flamme führt und lenkt die Erleuchtete Macht durch Liebe und zum Segen allen Lebens. Dehne den goldenen Strahl aus und sieh, wie er alles erleuchtet. Wiederhole still in Dir: »ICH BIN« DIE STILLE. ICH LEBE IN DER GROSSEN STILLE. »ICH BIN« EWIGER FRIEDEN. »ICH BIN« DAS GOLDENE LICHT DES FRIEDENS, DAS ALLES LEBEN DURCHDRINGT UND IM HERZEN ALLER MENSCHEN ERSTRAHLT.«

Der 11. Strahl Gottes ist pfirsich-farben und enthält die Göttliche Zielsetzung und Vollkommenheit in allen Dingen, deren Eigenschaften Erfüllung, selbstloses Dienen, Glückseligkeit, Freude und Enthusiasmus sind. Atme den pfirsich-farbenen Strahl jetzt in Dein Herz und fühle, wie er Dich direkt oberhalb Deines Solar-Plexus erfüllt und sich von dort überallhin ausdehnt. Fühle die innere Freude und Glückseligkeit, die immer in Dir ist, unabhängig von äußeren Einflüssen. Deine Gott-Gegenwart in Dir ist Freude. Sei bereit, Deinen Göttlichen Auftrag mit Enthusiasmus und Freude zu erfüllen. Bitte darum, daß Dir Dein Auftrag offenbart wird. Wiederhole still in Dir:

»ICH BIN« FREUDE UND ENTHUSIASMUS. »ICH BIN« DAS OFFENE TOR, DURCH DAS FREUDE UND GLÜCKSELIGKEIT AUS GOTTES HERZEN IN MICH UND DURCH MICH IN ALLES LEBEN STRÖMEN. GOTTES HERZ IST IN MEIN HERZ EINGEBETTET, UND WIR SIND EIN GROSSES HERZ AUS LIEBE UND FREUDE.«

Nun atmest Du den opal-farbenen 12. Strahl in Dein Herz und leitest das Licht in den Bereich oberhalb des Wurzel-Chakras. Dann erfüllst Du Deinen Körper und das gesamte Umfeld mit opalisierendem, schillerndem Licht. Die Eigenschaften des Strahles sind Transformation, Verwandlung, Wiedergeburt und Verjüngung. Alles, was existiert, ist ein Teil der all-umfassenden Gegenwart Gottes. Die Transformation findet statt, wenn sich Deine äußere Persönlichkeit mit Deinem Göttlichen Selbst vereinigt und wenn Dein Herz davon erfüllt ist zu dienen. Fühle das Einssein in Deinem Herzen und wiederhole innerlich: »ICH BIN« TRANSFORMIERT. »ICH BIN« DAS »ICH BIN«. »ICH BIN« LICHT. »ICH BIN« EINS MIT GOTT. »ICH BIN« SEHR DANKBAR.«

Du bist jetzt erfüllt von der Energie aller 12 Strahlen und ihren göttlichen Eigenschaften. Deine Wirbelsäule wird zu einer Säule aus Licht und Du selbst zu einem wandelnden Lichtstrahl. Die Strahlen strömen aus Deinem Herzen in alles Leben um Dich herum. Halte dies in Deinem Bewußtsein, und Dein Göttlicher Plan wird sich in Deinem Leben verwirklichen.

Kehre nun mit Deiner Aufmerksamkeit wieder in Deine Umgebung zurück. Danke Deiner Göttlichen Gegenwart in Dir für die Tätigkeit des Lichtes. Atme tief ein und aus, und öffne Deine Augen. Mögen Liebe und Freude immer *in Dir sein*.

Das Rosengebet für das Neue Zeitalter (1)

Verstärken der 12 Sonnen-Strahlen auf Erden

Die geliebte Mutter Maria, die das *Göttliche Mutter-Prinzip* auf Erden versinnbildlicht, hat uns dieses Gebet geschenkt.

Zu Beginn des letzten Zeitalters, des Glaubenssystems des Christentums, kam die geliebte Mutter Maria freiwillig in einem physischen Körper auf die Erde, um die offene Tür für den Avatar für dieses Zeitalter, den geliebten Jesus, zu sein, damit er sich in menschlicher Form verkörpern konnte.

Hierfür wurde sie auf inneren Ebenen für Hunderte von Jahren geschult, um das Makellose Konzept (Bild), den göttlichen Plan für alle manifestierte Form, aufrechtzuerhalten. Sie erhielt das Makellose Konzept für den göttlichen Plan vom geliebten Jesus aufrecht. Jedes Detail seiner heiligen Mission war in ihrer Herzensflamme aufgezeichnet. Mit jedem Atemzug nährte und beschützte sie diesen Plan während ihres Erdenaufenthaltes. Durch die konzentrierten Bemühungen der Mutter Maria mit der klaren Vision seines göttlichen Planes führte Jesus siegreich seine Mission aus.

Als Mutter Maria nach der Kreuzigung ihres geliebten Sohnes Jesus den Berg von Golgatha hinunterging, sagte sie: »Was ich für Dich getan habe, mein geliebter Sohn, werde ich jetzt für die ganze Menschheit tun.« In diesem Moment erweiterte sich Mutter Marias Göttlicher Dienst. Das Aufrechterhalten des Makellosen Konzeptes für einen Avatar – ein Christus-Wesen – dehnte sich aus zum Aufrechterhalten des Makellosen Konzeptes für jeden Mann, jede Frau und jedes Kind, das sich auf der Erde entwickelt, bis auch jeder einzelne den Status des Christus-Wesens erhält und wieder sein natürliches Geburtsrecht als Sohn oder Tochter Gottes fordert, um dadurch ein für alle Mal die selbst-auferlegte Trennung von Gott zu heilen.

Zu Beginn dieses Neuen Zeitalters, des Goldenen Zeitalters der Geistigen Freiheit, segnet Mutter Maria uns wieder mit ihrer Gegenwart. Sie wiegt die liebe Erde in ihrer Herzensflamme und bittet uns um Unterstützung. Das Kosmische Gesetz verlangt, daß der Hilferuf von den Ebenen kommen muß, wo die Hilfe gebraucht wird, und daß die Energie, die von den himmlischen Ebenen ausgeschüttet wird, durch die Energie der Menschheit ins Gleichgewicht gebracht wird.

Mutter Marias Symbol ist immer die weiße Rose der Reinheit gewesen. Im vergangenen Zeitalter offenbarte sie der Menschheit das *Rosenkranz-Gebet*. Jetzt, während dieses kosmischen Augenblicks der Planetarischen Transformation, offenbart sie uns wieder ein Gebet, durch welches die Kraft 1000mal 1000fach mit jeder Wiederholung verstärkt wird. Diese Anrufung der einmaligen Kraft verhilft dem Makellosen Konzept, dem göttlichen Plan für den Planeten Erde, schnell zur Manifestation. Sie hat uns versichert, daß durch dieses heilige Gebet unsere individuellen Leben ihren Göttlichen Auftrag und ihren Sinn des Seins widerspiegeln werden. Die Illusion der dritten Dimension, die uns in Mangel und Begrenzungen gefangenhält, wird sich auflösen, und die Wirklichkeit unseres Göttlichen Erbes – *Himmel auf Erden* – offenbaren.

Rosengebet des Neuen Zeitalters:
Anrufung des Göttlichen Mutter-Prinzips, die Essenz des Heiligen Geistes, Göttliche Liebe.

**Heil Mutter, voll der Gnade, der Herr ist mit Dir.*
Gesegnet bist Du unter den Frauen, und gesegnet ist die Frucht Deines Leibes »ICH BIN«.
Erhalte jetzt für uns das Makellose Konzept unserer wahren Gott-Wirklichkeit aufrecht, von diesem Moment an, bis zu unserem Ewigen Aufstieg in das Licht. »ICH BIN« *das* »ICH BIN«.«

(wiederhole ab * zwölf Mal)

Das Vorgenannte wird zwölf Mal wiederholt, einmal für jeden Strahl der 12fältigen Sonnen-Aspekte der Gottheit. Wenn Du mit »Heil Mutter...« beginnst, stell Dir vor, wie die Farbe und die Eigenschaften des entsprechenden Strahles in Dein Herz-Zentrum einfließen, Dich durchfluten, um dann den Planeten Erde in dieser Farbe zu baden. (Siehe Tafel S. 180.)

Nachdem Du 12 Mal »Heil Mutter...« gebetet hast und Dich jedes Mal auf einen anderen Strahl konzentriert hast, sprich den folgenden Befehl drei Mal:

»ICH BIN« *das Makellose Konzept meiner wahren Gott-Wirklichkeit, die jetzt durch heilige Gnade manifestiert und aufrechterhalten ist!*

Zum Abschluß dieser ganzen Serie wird die Energie versiegelt und dauerhaft aufrechterhalten durch die Anrufung:

ES IST GETAN! SO SEI ES! »ICH BIN«

Das Rosengebet für das Neue Zeitalter (1)

Gebet »Heil Mutter…«	Strahl	Sonnen-Erzengel (männlich)	Sonnen-Erzengel (weiblich)	Farbe	Eigenschaft
beim 1. Mal	1.	Michael	Glaube	Blau	Gottes Wille
2. Mal	2.	Jophiel	Konstanze	Gelb	Erleuchtung
3. Mal	3.	Chamuel	Charity	Rosa	Göttliche Liebe
4. Mal	4.	Gabriel	Hoffnung	Weiß	Reinheit
5. Mal	5.	Raphael	Mutter Maria	Grün	Wahrheit
6. Mal	6.	Uriel	Donna Grazia	Rubin	Gnade
7. Mal	7.	Zadekiel	Heilige Amethyst	Violett	Freiheit
8. Mal	8.	Aquariel	Klarheit	Aquamarin	Klarheit
9. Mal	9.	Anthriel	Harmonie	Magenta	Harmonie
10. Mal	10.	Valeoel	Frieden	Gold	Ewiger Frieden
11. Mal	11.	Perpetiel	Freude	Pfirsich	Göttliche Zielsetzung
12. Mal	12.	Omniel	Opal-Essenz	Opal	Transformation

Musik mit der Kraft und Schwingung der 12 Strahlen (1 + 2):

1. Strahl Blau – Gottes Wille –
Musik mit der Schwingung des 1. Strahles strahlt durch das Hals-Chakra (5. Chakra):

Chariots of Fire von Vangelis
The Fairy Ring von Rowland
Die Himmel rühmen von Beethoven
5. *Symphonie* (1. Satz) von Beethoven
1. *Klavierkonzert* (3. Satz) von Beethoven
Adagio in G-Moll von Albinoni
Das Warschauer Konzert von Addinsell
Lohengrin (Vorspiel aus dem 3. Akt) von Wagner
Lohengrin (Brautchor) von Wagner
Die Moldau von Smetana
Karelia Suite (Intermezzo) von Sibelius

2. Strahl Goldgelb – Erleuchtung –
Musik mit der Schwingung des 2. Strahles strahlt durch das Kronen-Chakra (7. Chakra):

Helios Ouvertüre von Nielsen
6. *Symphonie* (Hymne des Dankes) von Beethoven
Gigue von Pachelbel
Tannhäuser (Lied an den Abendstern) von Wagner
Orchester Suite Nr. 3 von J. S. Bach
Peer Gynt (Dawn) von Grieg
Carmen (Intermezzo) von Bizet
Einzug der Götter in Walhall von Wagner
Der mit dem Wolf tanzt (Filmmusik)
Himmlischer Vater aus *Silk Road* von Kitaro

3. Strahl Rosa – Göttliche Liebe –
Musik mit der Schwingung des 3. Strahles strahlt durch das Herz-Chakra (4. Chakra):

2. Symphonie (4. Satz) von Sibelius
Die Marseillaise von Berlioz und Lisle
Cavalleria Rusticana von Mascagni
Musette Walzer von Puccini
Suor Angelica (Intermezzo) von Puccini
Rhapsodie über ein Thema von Paganini (18. Variation) von Rachmaninow
2. Symphonie (3. Satz/Romanze) von Rachmaninow
Wiener Capriolen von Kreisler
Klavierkonzert Nr. 1 (2. Satz) von Chopin
Der Schwan von Saint-Saens
Ah, Sweet Mystery of Life von Herbert
Intermezzo aus *Notre Dame* von Schmidt
Die Gigue aus *Kanon und Gigue* von Pachelbel

4. Strahl Weiß – Reinheit / Auferstehung –
Musik mit der Schwingung des 4. Strahles strahlt in das Wurzel-Chakra (1. Chakra):

Gretchen (2. Satz) von Liszt
Parsifal (Auftakt im 1. Akt) von Wagner
Cavalleria Rusticana (Intermezzo) von Mascagni
Tannhäuser (Festmarsch) von Wagner
Liebestraum von Liszt
9. Symphonie (3. Satz) von Beethoven
Tristan und Isolde (Liebestod) von Wagner
Aida (Himmlische Aida) von Verdi
Schlafende erwachet! von J.S. Bach
Parsifal (Karfreitags-Musik – 3. Akt) von Wagner
At Dawning von Cadman
The Angels of Comfort aus »Elixier« von Iasos
Entends-tu les Chiens Aboyer von Vangelis

5. Strahl Grün – Weihung / Wahrheit –
Musik mit der Schwingung des 5. Strahles strahlt durch das Stirn-

Chakra (6. Chakra):

Kanon in D von Pachelbel
Ave Maria von Schubert
Mondschein-Sonate von Beethoven
Toccata und Fuge in D-Moll von J.S. Bach
Symphonie-Konzert (3. Satz) von Mozart
Tannhäuser (Ouvertüre und Venusberg-Musik) von Wagner
Klavierkonzert Nr. 21 in C-Dur (Andante) von Mozart
Cello-Konzert in C-Dur von Haydn
Walzer in A-Dur von Brahms
Crystal White Fire Light aus »Elixier« von Iasos
The Angels of Comfort aus »Elixier« von Iasos
Intermezzo aus *Notre Dame* von Schmidt
Liebestraum von Liszt
Laßt uns preisen den Herrn aus »Cavalleria Rusticana« von Mascagni
Wachet auf, ruft uns die Stimme aus der gleichnamigen Kantate von J.S. Bach
Liebe und Tod aus »Tristan und Isolde« von Wagner

6. Strahl Rubin-Gold – Ausübende Gnade –
Musik mit der Schwingung des 6. Strahles strahlt durch das Solar-Plexus-Chakra (3. Chakra):

Chariots of Fire (Album) von Vangelis
Notre Dame (Intermezzo) von Franz Schmidt
Hänsel & Gretel (Kindergebet) von Humperdinck
Reverie von Debussy
Wiegenlied von Brahms
2. *Symphonie* (4. Satz) von Mahler
Messe K.V. 339 (Laudate Dominum) von Mozart
Klavierkonzert (2 Auszüge) von Grieg
Pater Noster (Amen) von Tschaikowsky
La Traviata (Auftakt – 3. Akt) von Verdi
Freude an die Welt von Händel
Procession on the Horizon aus »Elixier« von Iasos

7. Strahl Violett – Transformation und Umwandlung –
Musik mit der Schwingung des 7. Strahles strahlt durch das Sakral-Chakra (2. Chakra):

Nabucco (Va Pensiero) von Verdi
Die Walküre (Magische Feuermusik) von Wagner
Geschichten aus dem Wienerwald von J. Strauß
Die Walküre (Walkürenritt) von Wagner
9. Symphonie (4. Satz) von Schubert
4. Symphonie (1. Satz) von Schumann
Gaité Parisienne (Ouvertüre und Can-Can) von J. Offenbach
Arioso von Bach
Spiral von Vangelis
Der Nußknacker (Trepak) von Tschaikowsky
4. Symphonie (4. Satz) von Schumann
Der Rosenkavalier (Walzer) von R. Strauss
Frühlingsstimmen von J. Strauß
Symphonie Nr. 7 (Adagio-Finale) von Bruckner
Symphonie Nr. 3 (Ilya Murometz – 2. Satz) von Gliere

8. Strahl Aquamarin – Klarheit –
Musik mit der Schwingung des 8. Strahles strahlt in den Bereich des Hals- und des Stirn-Chakras (5. und 6. Chakra):

Thema aus *Cosmos* von Vangelis
1. Symphonie (Finale) von Rachmaninow
Einzug der Götter in Walhall von Wagner
Lied an den Abendstern aus *Tannhäuser* von Wagner

9. Strahl Magenta – Harmonie –
Musik mit der Schwingung des 9. Strahles strahlt in den Bereich des Herz- und des Hals-Chakras (4. und 5. Chakra):

Song of India aus *Sadko* von Rimski-Korsakow
6. Symphonie (5. Satz – Hymne des Dankes) von Beethoven
Auf den Schwingen des Gesangs von Mendelsohn
Claire de Lune von Debussy
Silk Road Theme von Kitaro

10. Strahl Gold – Ewiger Frieden –
Musik mit der Schwingung des 10. Strahles strahlt in den Bereich des Solar-Plexus- und des Herz-Chakras (3. und 4. Chakra):

Temple of Peace (Abraham's Theme – Chariots of Fire) von Vangelis
Angels of the Christ Presence (Piè Jesu aus dem Requiem) von Andrew Lloyd Webber

11. Strahl Pfirsich – Göttliche Zielsetzung –
Musik mit der Schwingung des 11. Strahles strahlt in den Bereich des Solar-Plexus- und des Herz-Chakras (3. und 4. Chakra):

Bilder einer Ausstellung von Moussorgsky-Tomita
El Lago Sagrado von Fernando E. Martinez Valez
Klavierkonzert A-Dur (Adagio) von Grieg

12. Strahl Opal – Transformation / Umwandlung –
Musik mit der Schwingung des 12. Strahles strahlt in den Bereich des Wurzel- und des Sakral-Chakras (1. und 2. Chakra):

Angelic Harp Music von Erik Berglund
Angelic Music von Iasos
Majesty von Aeoliah

Welt-Heilungs-Meditation

Am 31. Dezember jährlich, 12 Uhr Greenwich Zeit (13 Uhr MEZ) und am letzten Tag eines jeden Monats. Information bei:

The Planetary Commission for Global Healing
c/o The Quartus Foundation
P. O. Box 1768, Boerne, Texas 78006-6768, USA

Die »Planetarische Kommission« fordert uns auf, uns gedanklich an diesen Tagen zu einer weltweiten Heilungs-Meditation zusammenzufinden. Am 31. 12. 1986 fand diese globale Meditation zum ersten Mal statt. Mehr als 41 Millionen Menschen beteiligten sich daran. 1987, 1988, 1989, 1990, 1991 und 1992 wuchs die Zahl der Teilnehmer. Weitere Informationen in dem Buch *Deine Zukunft ist jetzt* von John Randolf Price (München 1988).

Diese *Welt-Heilungs-Meditation,* verbunden mit einer geführten Heilungs- und Reinigungs-Visualisation, ist jetzt als Tonkassette, zusammengestellt und gesprochen von Brigitte Müller, erhältlich. (Bezugsquelle siehe Anhang.)

Heilungsmeditation für die Welt
Am Anfang –
Am Anfang Gott.
Am Anfang erschuf Gott Himmel und Erde.
Und Gott sprach, es werde Licht: Und es ward Licht.

Jetzt ist die Zeit eines neuen Anfangs.
»ICH BIN« ein Mit-Schöpfer Gottes,
und es wird ein neuer Himmel sein,
wenn der liebende Wille Gottes
durch mich auf Erden zum Ausdruck gebracht wird.
Die Erde ist das Königreich des Lichtes, der Liebe,
des Friedens und Verstehens.

Und ich trage meinen Teil dazu bei,
die Wirklichkeit dieses Königreiches
zum Vorschein zu bringen.

Ich fange mit mir an.
Ich bin eine lebendige Seele,
und der Geist Gottes wohnt in mir, als *Ich*.
ICH und der Vater sind EINS, und alles,
was der Vater hat, ist mein.
Wahrlich, »ICH BIN« der Christus Gottes.

Was von mir wahr ist, ist auch wahr von jedem anderen;
denn Gott ist alles, und alles ist Gott.
In jeder Seele erkenne ich nur den Geist Gottes.
Und jedem Mann, jeder Frau und jedem Kind
auf dieser Erde rufe ich zu:
Ich liebe dich, denn du bist im Geiste ICH.
Du bist mein Heiliges Selbst.

Ich öffne jetzt mein Herz,
und ich lasse die reine Essenz
bedingungsloser Liebe ausströmen.
Ich sehe, wie diese Liebe als goldenes Licht
aus dem Zentrum meines SEINS hervorstrahlt,
und ich fühle ihre göttliche Schwingung in mir,
durch mich, über mir und unter mir.

Ich bin eins mit dem Licht.
Ich bin erfüllt von dem Licht.
Ich bin erleuchtet durch das Licht.
Ich bin das Licht der Welt.

Fest entschlossen sende ich dieses Licht aus
und lasse die Strahlen von mir ausgehen,
damit sie sich mit den anderen Lichtern verbinden.
Ich weiß, dies geschieht in diesem Augenblick
überall auf der Welt.
Ich sehe, wie das Licht aller sich vereint.

Jetzt ist es EIN Licht.
Wir sind das Licht der Welt.

Das eine Licht der Liebe, des Friedens
und des Verstehens strömt aus.
Es fließt über den ganzen Erdball
und berührt und erleuchtet jede Seele,
die im Schatten der Täuschung lebt.
Und wo Dunkelheit herrschte,
wohnt jetzt das Licht der Wahrheit.

Und das Leuchten wächst, es durchdringt,
es durchstrahlt jede Form des Lebens.
Jetzt gibt es nur noch die Schwingung
des einen vollkommenen Lebens.
Alle Reiche dieser Welt antworten, und der Planet
erwacht zum Leben im Licht und in der Liebe.

Es herrscht vollkommene Einheit,
und in dieser Einheit sprechen wir das Wort:
Das Gefühl des Getrenntseins sei aufgelöst.
Die Menschheit kehre zurück zur Gottheit.

Friede wohne in jeder Seele.
Liebe ströme aus jedem Herzen.
Vergebung regiere jedes Gemüt.
Verständnis sei das verbindende Band.

Und jetzt antwortet aus diesem Licht der Welt,
das wir sind,
die Eine Gegenwart und Macht des Universums.
Die Tätigkeit Gottes heilt
und harmonisiert den Planeten Erde.
Die Allmacht Gottes manifestiert sich.

Ich sehe jetzt die Rettung des Planeten
direkt vor meinen Augen.
Alle falschen Überzeugungen
und fehlerhaften Muster haben sich aufgelöst.

Das Gefühl des Getrenntseins ist vorüber,
die Heilung hat stattgefunden,
und die Welt ist zurückgekehrt zu
geistiger Gesundheit.

Dies ist der Beginn des Friedens auf der Welt
und des guten Willens für alle Menschen,
da Liebe aus jedem Herzen strömt,
Vergebung in jeder Seele regiert,
und jedes Herz und jedes Gemüt eins sind
in vollkommenem Verständnis.

Es ist getan. Und so ist es.

Friedens-Uhr 12 Uhr Mittags
Beginn: Wo immer Du Dich befindest, versetze Dich in eine tiefe, ruhige Meditation für weltweiten Frieden, jeden Tag um 12 Uhr mittags, eine ganze Minute lang. Ziel: Am 1. Januar 2000 soll jeder Mensch auf dieser Erde an dieser Meditation teilnehmen.

Weitere Informationen:

Peace Clock, P. O. Box 8307,
Calabasas, Ca. 91302, U.S.A.

Peace 21st – Ein Gedankenbild des Friedens

19.00 bis 19.30 Ortszeit
Peace 21 st
Konstruiert ein Gedankenbild des Friedens
jeweils am 21. März, Juni, September und Dezember
von 19.00 bis 19.30 Ortszeit

Peace 21st ist ein einfaches, jedoch sehr effektives, nicht-sektiererisches Konzept, das der Welt 1984 durch Meister Hilarion, einem erleuchteten und in der friedlichen Entwicklung der Menschheit engagierten Wesen, gegeben wurde. Von den Gedanken geht viel Kraft aus, und ein gemeinsames, kollektives, positives Gedankenbild einer großen Zahl von Menschen, die sich zu einem gemeinsamen Ziel verbinden, könnte die stärkste Energie auf der Erde sein. Das Ziel von *Peace 21st* ist es, diese Kraft viermal jährlich im Interesse des Weltfriedens zu nutzen. Zusammen können wir auf der Basis universeller Kooperation und Liebe ein mächtiges *Gedankenbild des Friedens* schaffen und uns durch Netzwerke mit verantwortungsvollen Bürgern auf der ganzen Welt verbinden. Wenn Du durch Lebensumstände oder eigene Wahl alleine bist, verbinde in Deinem Bewußtsein Deine persönliche Energie mit der von Millionen von Menschen, die *Peace 21st* feiern; und wenn du Mitglied einer Gruppe bist, schließt Euch in einer Form an, bei der Ihr Euch am besten fühlt. Um 19.00 Uhr Ortszeit bringe mit liebevollen Gedanken dieses Konzept in Dein Bewußtsein und halte die Konzentration für dreißig Minuten, oder so lange Du kannst, aufrecht. Bitte verbreite diese Nachricht.

Verschiedene Wege, an Peace 21st teilzunehmen:

Visualisiere Licht, das in Dir selbst entsteht und sich in Deiner Nachbarschaft, Deinem Land und auf der ganzen Welt ausbreitet. Sieh in Deinem Dritten Auge die Erde von einem sanften, goldenen Licht umgeben. Halte den Planeten sanft in Deinen liebenden Händen, das goldene Licht fließt durch Dich hindurch. Stelle Dir bildhaft vor, wie sich die Führer der Krisen-Nationen umarmen. Stelle Dir die Gesichter der Menschen in den Nachrichten von Licht umgeben vor, einem Teil Deines Lichtes. Sieh überall auf der Welt Lichter blinken, eine Erde, ruhig und friedlich. Stelle Dir Flüsse, Seen und Ozeane mit kristallklarem, reinen Wasser gefüllt vor. Sieh die Oberfläche des Planeten sauber und die Luft klar und rein, mit einer intakten Ozonschicht. Halte jedes Bild, solange Du kannst.

Meditiere und finde in Dir selbst den ruhigen Ort, wo der Friede wohnt und Alles Eins ist. An diesem Ort kann es keinen Krieg, keine Aggression und keinen Haß geben. Alle Ängste sind in Liebe verwandelt. Verweile an diesem Ort und erlaube der Energie durch Dich zu fließen. Fühle sie fließen. Du bist ein Lichtfunke inmitten des Größeren Lichtes. Du bist Liebe. Du bist ein Kanal für Frieden, Freude und ewige Harmonie. Verbinde Dich mit Anderen, die ihr Licht ausstrahlen.

Bete in der Stille Deines Wesens und richte liebende, friedensvolle Gebete auf Gebiete und Menschen, die sich in Auseinandersetzungen befinden. Sende Deine Gebete für Weisheit den führenden Menschen aller Nationen. Lenke Deine Gebete zu den Medien, den Krankenhäusern, den Siegreichen und den Besiegten. Wann immer Du es für nötig hältst, sende weiterhin Gebete mit auf Frieden gerichteter Intention. Bete für die Heilung von Land, Wasser, Nahrung und Luft. Spreche die Große Invokation oder das Vater Unser oder irgendein Gebet mit friedensvoller Absicht jedweder Religion. Möge Frieden auf Erden sein.

Andere Konzepte, die friedensvolle, liebende Absichten haben, ergänzen und unterstützen *Peace 21st*. Das Wesentliche ist, sich in einer Welle der Energie rund um die Erde zusammenzufinden. Pflanze einen Baum. Male ein Bild. Tanze, singe, kreiere Frieden. Preise die Gottheit. Besuche eine heilige Stätte und energetisiere sie. Segne die Regenwälder. Oder zünde einfach eine Kerze an. Fühle Dich frei, Dich in Deiner eigenen Art und Weise auszudrücken. Nehme danach an einem gesellschaftlichen Ereignis oder einem Essen teil. Frieden ist Liebe und Licht und Freude. Freue Dich!

Netzwerk Bildet eigene *Peace 21st* Gruppen oder Netzwerke. Ermutigt bestehende Gruppen, sich anzuschließen. Erzählt anderen hiervon. Verbreitet dieses Konzept über die ganze Welt durch Briefe, Fax, Pinwände und Plakate. Photokopiert diese Information und hängt sie an öffentlichen Plätzen aus. Unterstützt den Frieden!

Peace 21st ist ein Projekt der Gemeinschaft des Universellen Weißen Lichts, eine gemeinnützige, nicht konfessionsgebundene, wohltätige Gesellschaft, ansässig in Ontario, Kanada. Spenden werden dankbar für die laufenden Kosten verwandt. Bitte sendet nur Schecks, Überweisungen oder Zahlscheine in kanadischer oder amerikanischer Währung an *Peace 21st*.

Die Vervielfältigung dieser Information ist erwünscht.
Peace 21st, 1474 Bathurst Street, Toronto, Ontario, Canada MSP 3G9,
Tel.: (416) 651-5477 Fax: (416) 651-4211

Schlußwort

Liebe Leserin, lieber Leser!

Es würde mich sehr freuen, wenn Du durch die Anregungen in diesem Buch mit Deinem innersten Sein, Deiner Göttlichen Gegenwart, in Verbindung getreten bist, um *Deinen Göttlichen Plan* zu verwirklichen, so daß sich mehr und mehr Licht, Liebe, Freude, Frieden, Gesundheit und Glückseligkeit in Deinem Leben manifestieren.

Bitte Deine Gott-Gegenwart »ICH BIN«, Dich zu führen, welche Übungen oder Anrufungen für Dich, *jetzt*, am besten sind. Falls Du nicht alles verstehen oder annehmen kannst, habe einfach Geduld. Lies immer mal wieder in diesem Buch, und jedes Mal wirst Du es mit anderen (inneren) Augen lesen und verstehen. Außerdem wird Dir die in den Visualisierungs-Kassetten enthaltene Energie sehr helfen, viele neue Erfahrungen in Dir zu Deiner geistigen Entfaltung zu machen.

Noch eine Empfehlung möchte ich Dir mit auf den Weg geben. Wenn Du eine besondere Eigenschaft der 12 Sonnenstrahlen in Deinem Leben erfahren möchtest, rufe den entsprechenden Strahl an, und begib Dich in Deiner Vorstellung in diesen Strahl hinein. Bade Dich für mehrere Minuten in diesem Lichtstrahl, laß ihn Dich innen und außen durchdringen und durchfluten. Dadurch wird Deine Schwingungsfrequenz erhöht, und Du wirst »endlose« Informationen empfangen. Du brauchst Dich *nur zu öffnen*!

Ich wünsche Dir viel Liebe, Freude, Erfolg und Sieg, um Deinen Göttlichen Plan zu erfüllen. Gott segne und schütze Dich!

In Dankbarkeit, Licht und Liebe,
aus meinem Herzen,
»ICH BIN«,

Brigitte Müller

ANHANG

Adressen und Informationen

Die Übungen und Anrufungen mit (1) bezeichnet sind von:

New Age Study of Humanity's Purpose
Patricia Diane Cota-Robles
P.O. Box 41883
Tucson, Arizona, 85717 USA

mit (2) von:

Group Avatar,
P.O. Box 41505
Tucson, Arizona, 85717-1505 USA

Bei Group Avatar erscheinen auf Spendenbasis Monatshefte mit Botschaften der Geistigen Hierarchie in Englisch, Spanisch, Deutsch und Portugiesisch. In Deutschland können sie mit einer Spende bestellt werden bei:

M. Bösser
Dickensstraße 7
D-30175 Hannover
(Psch. Kto. Hannover 482 802 307, BLZ 250 100 30)

Farbfolien der 12 Strahlen, zu erhalten bei:

Helmi Krenkel
An der Nachtweide 15
D-63796 Kahl/Main

Hans Jürgen Regge
Cuxhavener Straße 577
D-21149 Hamburg

Fredy Büchler
Neubauquartier 6
CH-8755 Ennenda

Informationen über *Reiki*-Seminare der Autorin sind erhältlich bei:

Brigitte Müller
Postfach 1328
D-65743 Eschborn
(bitte frankierten Rückumschlag beifügen)

oder: c/o Rosenstrahl AG
Lauenrain
CH-3655 Sigriswil

Literatur- und Musikempfehlungen

Bücher

Bell-Werder, Eva, *In Seiner Gegenwart*, Baden-Baden 1985
ders., *Der Weg in ein höheres Bewußtsein*, Baden-Baden 1983
Chopra, Dr. Deepak, *Die heilende Kraft*, Bergisch-Gladbach 1992
ders. *Die unendliche Kraft in uns*, München 1992
Gawain Shakti, *Leben im Licht*, München 1987
Hay, Louise, *Gesundheit für Körper und Seele*, München 1989
ders., *Wahre Kraft kommt von Innen*, Freiburg i. Br. 1992
Jampolski, Gerald G., *Die Kunst zu vergeben*, München 1987
ders., *Wenn Deine Botschaft Liebe ist*, München 1983
ders., *Lieben heißt die Angst verlieren*, München 1981
Kirkwood, Annie, *Marias Botschaft an die Welt*, München 1992
Mandel, Bob, *Öffne Dich für die Liebe*, München 1992
Nelson, Ruby, *Das Tor zur Unendlichkeit*, Grafing 1986
Tuella, *In Erden-Mission*, Wiesbaden 1989
Ray, Sondra, *Auch Lieben will gelernt sein*, München 1991
Solara, *An die Sterngeborenen*, München 1991
Wall, Vicky, *Aura Soma*, Frankfurt 1992
Yogananda, Paramahansa, *Autobiographie eines Yogi*, Bern-München 1979

Musik-Kassetten

Aeoliah *Majesty, Inner Sanctum, Angel Love*; Joel Andrews *The Violet Flame*; Erik Berglund *Angelic Harp Music, Harp of Healing Waters, Angel Beauty*; Chrystalia *Angels of Healing*; Iasos *Angelic Music, Elixier, Jeweled Space, Timeless Sound*; Kitaro *Silk Road*; Kobialka *Path of Joy*; Micon *Song for Healing*; Mike Rowland *The Fairy Ring, Silver Wings*; Valley of the Sun *Eternal OM*
Bezugsquelle für die Musik-Kassetten:

Aquarius Versand
Schleißheimer Str. 82
8000 München 40
Tel. (089) 523 4093

Visualisations-Kassetten

Visualisieren der 12 Sonnen-Chakra Strahlen von und mit Brigitte Müller, mit himmlischer Harfenmusik von Erik Berglund, Verlag Peter Erd (ISBN 3-8138-0275-2)

Visualisieren der Violetten Flamme zur Umwandlung der Vergangenheit mit Brigitte Müller, mit Harfenmusik von Erik Berglund, Verlag Peter Erd (ISBN 3-8138-0278-7)

Welt-Heilungs-Meditation zum Welt-Heilungs-Tag am 31. Dezember jeden Jahres und am Letzten eines jeden Monats, von J. R. Price, mit Musik von Aeoliah und Erik Berglund / Amy Schick, zusammengestellt und gesprochen von Brigitte Müller
Bezugsquelle:
Aquarius Versand
Schleißheimer Str. 82
8000 München 40
Tel. (089) 5234093

Reiki-Chakra-Selbstbehandlung Affirmationen mit geführter »Rosen-Visualisation« von und mit Brigitte Müller, mit Musik-Untermalung von Mark Hoffmann, Verlag Peter Erd (ISBN 3-8138-0213-2)